夢のある国へ――
幸福維新

幸福実現党宣言⑤

幸福実現党 総裁
大川隆法

夢のある国へ——幸福維新　目次

『幸福実現党の目指すもの』 10

第一部　夢のある国へ

第1章　大減税による「景気回復」を

第3章　「夢の国・日本」を実現しよう

第二部　国益とは何か

『幸福実現党の目指すもの』

この国の政治に一本、精神的主柱《しゅちゅう》を立《た》てたい。
これが私のかねてからの願いである。
精神的主柱がなければ、国家は漂流《ひょうりゅう》し、
無告《むこく》の民《たみ》は、不幸のどん底へと突き落とされる。
この国の国民の未来を照らす光となりたい。
暗黒の夜に、不安におののいている世界の人々への、
灯台の光となりたい。

国を豊かにし、邪悪《じゃあく》なるものに負けない、
不滅《ふめつ》の正義をうち立てたい。
人々を真なる幸福の実現へと導いていきたい。
この国に生まれ、この時代に生まれてよかったと、
人々が心の底から喜べるような世界を創りたい。
ユートピア創りの戦いは、まだ始まったばかりである。
しかし、この戦いに終わりはない。
果てしない未来へ、はるかなる無限遠点を目指して、
私たちの戦いは続いていくだろう。

第一部　夢のある国へ

第一部は、二〇〇九年七月に行った説法の一部を抜粋し、テーマ別に構成したものです。

序章　幸福維新《いしん》を起こそう

この国に精神的な柱を立てたい

幸福実現党の立党の趣旨《しゅし》は、前掲《ぜんけい》の『幸福実現党の目指すもの』に書いてあるとおり、「この国の政治に一本、精神的主柱《しゅちゅう》を立《た》てたい」ということです。そういう希望を持っています。さらに、「最終的には、ユートピア創りのための、一つの前線基地と言うべきものをつくらなければいけない」という気持ちで立党しました。

戦後、占領軍《せんりょうぐん》は、「日本を弱くするためには、どうしたらよいか」を考えた結果、「宗教を弱くすれば、日本は弱くなる」ということが分かりました。「戦前の日本が非常に強かった理由は、やはり、宗教が強かったことにある。そこで、宗教のところを骨抜《ほねぬ》きにしてしまえば、この国はクラゲのようになって弱くなるだろう」と考え、日本から〝背骨〟を抜いてしまったのです。

すなわち、この国を弱くするための方法の一つとして、「宗教を弱める」という政策が採られたわけです。その表れの一つが、「政教分《ぶん》離《り》」という、政治と宗教を制度的に分離しようとする考え方であり、もう一つは、教育と宗教を分離しようとする考え方です。

要するに、「政治と教育から宗教を遠ざけさえすれば、この国を弱くすることができる」ということを占領軍は考えたのです。

これは、逆に言うと、「政治と教育に、宗教が一本、精神的な柱を立てたら、この国は強くなる」ということです。

戦後の六十数年間、日本は、繁栄《はんえい》は享受《きょうじゅ》できたとは思いますが、クラゲのように漂《ただよ》っていた面があることは否《いな》めません。

「国際社会において、この国の発言力はとても低く、イニシアチブを取れるレベルにはない」ということは、非常に残念なことであると思います。

国際会議の場でも、日本の首相は、「ちょっと写真に写るだけ」という〝付け足し〟のような感じで出ている状態であり、何らリーダーシップを発揮できないでいます。この状況《じょうきょう》は、まことに悲しいことです。

経済大国になったところで満足していたら、その経済大国もまた、不況《ふきょう》の大波のなかで漂い始めています。いまだに敗戦意識を引きずっていて、方途《ほうと》なきまま、荒海《あらうみ》のなかを、暗闇《くらやみ》のなかを、ただただ光を求めて漂っているように見えます。

私は、「この国のなかに一本、やはり、精神的なる主柱を立てたい」という強い強い希望を持っているのです。

「幸福維新《いしん》」によって、真なる宗教立国を

今回、私が幸福実現党を立党するに当たり、みなさんにお願いし、強く言っておきたいことがあります。

この国は非常に豊かになり、世界の貧しい地域や発展途上《とじょう》の地域から見れば、現在、憧《あこが》れの国、夢の国であることは事実です。

ただ、この夢の国が「理想の国」であるためには、どうしても足りないものが一つだけあります。理想の国になるためには、やはり、「人々が、正しい信仰心《しんこうしん》を持っている」ということが大事なのです。

この部分が足りません。

日本では、「政治や教育から宗教を排除《はいじょ》することが正義である」という思想が、数十年間、続いてきたために、「宗教は、日陰《ひかげ》のもの、裏側のものでなければならない。表に出してはならないものだ」というような「常識」が非常に長らく続いてきました。

そのため、この夢の国が理想の国になるためには、もう一つ足りないものがあるわけです。

幸福実現党の活動は、そのための戦いなのです。

私は、「真なる宗教立国」というものを考えたいと思います。

人間として、「信仰心を持っていない」ということは、限りなく悲しいことです。それは悲しいことなのです。「悲しい」とは、単に、

「自分たちの仲間であるか、そうでないか」ということで言っているのではありません。

「真理を知らずに人生を生きる」ということは、悲しいことであるのです。

ところが、真理を否定することをもって正義であるとするような論調が、この国を覆《おお》っています。「そうした状況が数十年続いている」ということは、「断固として精神革命を起こさねばならない」ということなのです。

私は、「幸福維新《いしん》」という言葉を掲《かか》げています。

幸福実現党の活動は明治維新と同じです。
もちろん、体制を打ち壊《こわ》して、
破壊《はかい》、殺戮《さつりく》をしようなどとは考えていません。
私は、そうした暴力的な革命は否定しています。
そういう革命ではなく、
今、精神革命を起こそうとしているのです。
精神的なる革命、真実への革命です。
真理のための戦いなのです。
あなたがたは、幸福維新の志士として、
どうか、潔《いさぎよ》く、真理のために、身命《しんみょう》を賭《と》して戦ってください。

決して節《せつ》を曲げず、
「正しいことは正しい」と言い続けてください。
迎合《げいごう》しないでください。
単なるポピュリズムに陥《おちい》らないでください。
「真理のための戦いである」という原点を、
決して忘れてはならないのです。

第1章 大減税による「景気回復」を

1 消費税を導入して、税収は増えたのか

「消費税導入」と「バブル潰《つぶ》し」で長期不況《ふきょう》が起きた

経済的な問題、特に消費税関連については、マスコミから国民までが、「財源は、どうするのだ」ということを、よく言っています。

しかし、マスコミや国民にまで財源の心配をさせなければいけない

ような統治者では駄目《だめ》です。財源など〝下々《しもじも》〟には関係がないことであり、自分たちで、きちんと運営できなければいけないのです。

政府は、それをすべて責任転嫁《てんか》しています。マスコミや国民に、「財源がなくて国が潰《つぶ》れるぞ」という心配をさせて、現実には自分たちの運営責任、経営責任を転嫁しているのです。これでは、やはり駄目です。

今、幸福実現党では、「消費税の廃止《はいし》」を訴《うった》えていますが、消費税が導入されたのは一九八九年です。これは竹下《たけした》内閣のときです。

その前の中曽根《なかそね》内閣のときに、売上税を導入しようとして、世論の反対にあって失敗しました。そして、竹下内閣のときに、名称を変えて消費税を成立させたのです。その後、リクルート事件が起きて、竹下内閣は退陣《たいじん》させられました。

これは、結局、「消費税を成立させたので、追い出された」ということでしょう。「国民の恨《うら》みが深かったので、事件をつくり出されて、追い出された」ということだと思います。

この消費税を導入した一九八九年が、日本の株価がいちばん高かったときです。日経平均株価が四万円に届こうかという、三万八千九百円台まで行ったのが、この年なのです。

一九八九年に消費税が導入され、一九九〇年に日銀の三重野《みえの》総裁等を中心に〝バブル潰し〟が行われました。五年以上も好景気が続いたので、金融《きんゆう》引き締《し》めをして、膨《ふく》らんだ景気を潰しにかかったのです。金利を上げて、資金の供給を減らし、お金の流れをキューッと絞《し》めて、〝バブル〟を潰したわけです。

当時、三重野総裁は、マスコミから「平成の鬼平《おにへい》」と言われ、拍手《はくしゅ》喝采《かっさい》をされて威張《いば》っていました。

しかし、「消費税の導入」と「バブル潰し」の二つが共鳴した結果、その後、どうなったでしょうか。九〇年代から、「失われた十年」「失われた十五年」と言われたほど、日本には、底なしの経済不況《ふきょう》が十年から十五年にわたって続いたのです。

この不況のスタート点をよく見なければいけません。一九八九年まで、景気は絶好調だったのです。日本は、「東京の地価でアメリカが買える」というぐらい豊かになったのですが、この成長が怖《こわ》くなったのです。「こんなに成長するはずがない」と考え、怖くなって潰しに入ったと見てよいでしょう。

そのため、その後、十年から十五年の長期不況が起きたのです。

消費税率を上げれば、もう一回、不況《ふきょう》が十年以上続く

二〇〇〇年代になって、ようやく、景気低迷から立ち直り、ＩＴ産業等の新しい産業が起きてきました。新産業によって景気が回復し始めて、本当にかすかな、緩《ゆる》やかな好景気が、だらだらと何年か続きま

した。

ところが、景気が上がり始めたら、また、怖くなってきたようなのです。多くの人々がテレビで観《み》たとおり、「六本木ヒルズのＩＴ長者たちを捕《つか》まえて拘置所《こうちしょ》に放り込《こ》み、裁判にかける」ということが行われました。「あぶく銭《ぜに》を稼《かせ》いだ奴《やつ》は許せない」「こういうかたちでの金儲《もう》けは許せない」という見せしめを行ったのです。

同時に、再び、金融引き締めが行われました。

二〇〇六年に、与謝野《よさの》財務大臣（当時は内閣府特命担当大臣）と、日銀の白川総裁（当時は理事）が組んで金融引き締めをして、ＩＴバブルを潰《つぶ》したのです。その結果、二〇〇六年以降、また不況《ふきょう》に突入《とつにゅう》してきているわけです。

その不況のさなかに、消費税を五パーセントから十二パーセントへ、さらに、十五パーセント、二十パーセントに上げようとしています。これは、一九九〇年以降の、長い長いトンネルのようだった「十年不況」「十五年不況」と同じ構造なのです。

それを、もう一回、自民党はやろうとしているのですが、ここのところは、どうしても呑《の》むことはできません。

外交方針については、民主党は、全然、駄目です。本書の第一部第2章で詳しく述べますが、民主党政権であれば、日本は中国の植民地になる可能性があります。それほどの怖さがあるので、「外交的には自民党だ」と思って自民党を応援《おうえん》はしていたのです。

しかし、経済政策で消費税率を上げれば、もう一回、不況が十年以上続きます。したがって、これを呑んではいけません。

彼らは考え方が根本的に間違《まちが》っています。「自分たちが、消費税を導入し、バブル潰しをやったために、不況が起きた」ということに対して、まったく反省がありません。「失政」ということを認めていないのです。

「消費税導入とバブル潰しは失政であった。ごく一部の人たちの考えによって起きた不況であった。官製不況であった。国がつくった不況であった」ということに対する反省がないわけです。

その後、現象としては、「政権が入れ替《か》わったり、政党が離合集散《りごうしゅうさん》をしたり、政党の名前が変わったり、総理大臣がたくさん替わったりする」ということは起きたので、「それでケジメがついているのだ」と理解しているのかもしれません。

しかし、基本的な政策を間違えば、やはり、十年以上、苦しみが続きます。経済的な苦しみが十年や十五年は続くのです。

また、外交政策を誤れば、十年や十五年ではなくて、もしかしたら、民族としての最後を迎《むか》える可能性もないわけではありません。

そのように、「政策の選択《せんたく》は非常に重いものなのだ」ということを知らなければいけません。

2　景気回復から高度成長への道筋

景気回復なくして、税収は増えない

平常時でも、日本の企業《きぎょう》の七割ぐらいは赤字企業です。今は不況《ふきょう》なので、八割か九割まで行っている可能性もありますが、だいたい七割以上は赤字なのです。

企業の場合、赤字ということは、基本的に法人税は払《はら》っていないということです。また、社員の給料も低く抑《おさ》えられますし、当然、人減

らしも行われるので、所得税も減ります。

したがって、赤字企業が増えると、法人税も所得税も減るのです。

これは、「景気回復をしないかぎり、やはり税収は増えない」ということを意味しています。

今は赤字企業がそれだけ多いのですが、私としては、「国家財政を立て直し、さらに未来を開いていくためには、できれば、七割、八割の赤字企業が黒字企業に変わっていくような世界にしなければいけない」と思います。

幸福実現党は、そのための努力を惜《お》しみません。景気回復の制約になっているものは取り除いて道を開き、企業が黒字になっていけるようにします。

現時点で言えば、会社が潰《つぶ》れるいちばんの原因は、資金が詰《つ》まることです。銀行などがお金を貸してくれないようなことがあれば、運転資金が詰まってしまいます。

資金があれば、会社を続けていくことができるのに、不況のときにかぎって資金が絞《し》まるので、それで潰れていくのです。会社にとって資金は血液と同じなので、これを止《と》められたら、会社は死んでしまいます。そういうことは、やはり、往々にしてあるのです。

黒字企業を増やすこと、七割から八割の赤字企業を黒字企業に変えることに、努力して取り組むべきだと思います。

「大きな政府」を目指す民主党政権では、やがて税率が上がる

さらに、幸福実現党は、政策として、「今は五パーセントである消費税を廃止《はいし》します」と言っているので、マスコミにも一般《いっぱん》の方にも、「財源をどうするのですか」と言う方は多いのですが、このように考える人は、すでに政府に洗脳されているのです。

政府が、いつも、「財源、財源」と言うので、国民は、いかにも財源が大事なのだと思うのですが、これは責任転嫁《てんか》なのです。

国の経営に当たる者が、やはり、財源を考えるべきですが、愚痴《ぐち》のように「財源、財源」と言い、マスコミや各個人に、「この赤字の責

任は国民全体にある」というような感じで財源を考えさせるのは、間《ま》違《ちが》った考え方です。本当は、自分たちで、もっと責任を持って国家経営をしなければいけないのです。

国民は、すでに洗脳されていて、「財源なるものがなければ、もう、国は、やっていけないのだ」と思わされているのです。

しかし、みなさん、「テレビのスイッチを入れて、時代劇を観《み》ている」と思ってください。

悪代官が出てきて、「財源がないと、悪さができんなあ」と言っている。しかし、日照りが続いて不作となり、農家からは年貢《ねんぐ》があまり入らない。困った。しかし、「いいじゃないか、税率を上げればもう少し年貢を集めろ」というようなことを言う。すると、農家はどうするか。鋤《すき》、鍬《くわ》を持って一揆《いっき》を起こす。

これは当たり前のパターンです。不況のときに税率を上げたら〝一揆〟が起きます。ところが、今、不況のときに税率を上げようとしているのが政府・自民党です。

民主党は「四年間は上げない」と言っていますが、いずれ上げる気ではあると思います。民主党は「大きな政府」を目指しているので、やがて税率は上がるはずですが、それでは〝一揆〟が起きます。当然のことです。

日本は、このままで行けば、二〇三〇年ごろには、現役《げんえき》世代（十五歳《さい》から六十四歳）に対する高齢者（六十五歳以上）の割合（高齢者／現役比率）が五十パーセントを超《こ》えるので、税率は五十パーセント近くになるでしょうが、そうなると、国が絶対にもたないのは明らかです。

消費税の導入前、日本は戦後最高の景気だった

「消費税をなくす」という話をしていると、前述したように、「そうしたら財源がなくなるのではないか」と言われるのですが、私は「ちょっと待った」と言いたいのです。

消費税が導入されたのは、いつでしょうか。一九八九年の竹下《たけした》内閣

のときです。

その前の中曽根《なかそね》内閣は五年ほど続きましたが、この中曽根内閣は、「売上税」を導入しようとして失敗しました。

これで中曽根内閣が終わり、次の竹下内閣のときに、「消費税」が導入されました。

竹下内閣のときには「リクルート事件」も起きましたが、結局は、消費税導入が引き金となって政権が潰《つぶ》れたようなものです。

ところが、株価を見ると、一九八九年には、日経平均株価が三万九千円ぐらいで、戦後の日本では最高の株価でした。この年は日本が最高の景気だったときです。その年に政府は消費税を導入しました。

そうすると、一九九〇年以降、「十年不況」、あるいは「十五年不況」と言われる長期不況が始まりました。これは、消費税の導入と、当時の大蔵省（現財務省）による、「総量規制」に関する通達と、当時の三重野《みえの》日銀総裁のバブル潰し、この三つが主な原因です。これで一九九〇年から急に日本経済を締《し》め上げたのです。

インフレを警戒《けいかい》してやったのだそうですが、どこにインフレが来ましたか。来たのは、長い長いトンネルのような不況です。十年から十五年近い、トンネルのような不況が続いたのです。

その後《ご》、二〇〇〇年代に入って、ＩＴ産業などが盛んになり、やっと、景気が緩《ゆる》やかによくなろうとしたら、また、バブルを恐《おそ》れて、それを潰しに入り、もう一回、不況を起こそうとしたのです。

去年（二〇〇八年）の十二月の段階で、麻生《あそう》首相は、「これは、百年に一回の、未曾有《みぞう》の金融《きんゆう》災害、金融危機だ」というようなことを言っていました。

それは、アメリカの連邦《れんぽう》準備制度理事会（ＦＲＢ）議長を務めたグリーンスパン氏の意見を、そのまま使って言っているだけのことでしたが、私は、去年の十月に、法話のなかで、「今回、恐慌《きょうこう》は起きない」と二回ぐらい述べました。（『朝の来ない夜はない』『日本の繁栄は、絶対に揺るがない』〔共に幸福の科学出版刊〕収録）

世界でいちばん早く、それを指摘《してき》したのです。政府の財務関係の大臣等は、それを聞いて驚《おどろ》いていましたが、結果は、そのとおりになりました。

最近の日銀の指標等では、選挙前ということもあるのでしょうが、「来年は〇・六パーセントぐらいの成長が見込《みこ》める」と言っています。統計をいじるのは簡単ですから、そういうことを言っていますが、もしそうだとしたら、〝百年に一度の不況〟は、どうなったのでしょうか。百年に一度の不況は次の政権交代で起きるのかもしれません。そして、これから、もう一回、長いトンネルが始まるのかもしれません。

要するに、私が言いたいのは、次のようなことです。

消費税を導入する前、消費税がゼロだったとき、日本の景気は最高によくて、税収も、今よりもっとあったのです。ところが、消費税を導入してから景気は悪化しました。会社はどんどん潰れ、税収も減り、日本は長い長いトンネルのなかに入ったのです。

それをお忘れでしょうか。それを忘れて、消費税を、十二パーセント、十五パーセント、二十パーセントの税率に上げていくつもりなのでしょうか。私は、そう言いたいのです。

〝浪費《ろうひ》の罰金《ばっきん》〟に思える消費税は、日本には合わない

そもそも、「消費税」という言葉が日本には合わないのです。

「中曽根内閣は売上税を導入しようとした」と述べましたが、その

「売上税」という言葉も悪かったのです。会社は、「売り上げを上げる」ということを目標にしていますが、売上税という言葉には、「売り上げを上げたら税金を取られる」というようなイメージがあります。国民にとっては、「税金を取られる」ということは、「罰金《ばっきん》をかけられる」ということと、ほとんど同じなのです。売り上げを伸《の》ばしたら罰金を取られる。これでは、売り上げを上げられません。会社の成長は望めなくなります。そのため、売上税には非常な抵抗《ていこう》がありました。

「消費税」という言葉も本当は悪いのです。日本人には、「消費税」は「浪費税《ろうひぜい》」に聞こえます。「消費税をかける」と言われたり、「消費税率を上げる」と言われたりすると、「おまえたちは、浪費をしているから、その罪咎《つみとが》により罰金を払《はら》え」と言われているように聞こえるのです。そのため、消費が進みません。

消費税は、この国のあり方には、あまり合っていないのです。

「消費税を導入する前は景気がよかった」ということを、よく思い出してください。

景気回復は国の舵取《かじと》り次第であり、経済音痴《おんち》な人が舵取りをしたら駄目《だめ》ですが、うまく舵取りをすれば、うまくいくのです。

幸福実現党は、日本を、もう一度、高度成長に持っていく

幸福実現党が考えていることは、「景気を回復させることが優先で

ある。景気が回復すれば、法人税や所得税などの税収が上がってくる」ということです。それがまず大事です。

「不況をつくっておいて税収を上げようなどというのは無茶な話であって、順序が逆です。まず景気を回復させることが大事です」と言っているのです。

幸福実現党は、「三パーセントぐらいの経済成長を目指す」と言っていますが、インフレターゲットを設けているわけです。まずは、向こう三年から四年は、三パーセントぐらいの成長を目指し、そのあとは五パーセント以上の高度成長に持っていこうとしています。それが幸福実現党の経済政策です。

3　不況を促進させる CO_2排出削減《はいしゅつさくげん》は大幅《おおはば》な見直しを

CO_2による地球温暖化は「仮説」にすぎない

今まで私が述べていない論点の一つに環境《かんきょう》問題があるので、本書では、これについても述べておきたいと思います。

国民が抵抗《ていこう》できないもの、マスコミが批判できないものに、「福祉《ふくし》」がありますが、もう一つ、「環境問題」があります。

「環境に優《やさ》しい」「環境が大切だ」「環境を守る」などと言われると抵抗できなくなり、そのまま呑《の》まされてしまうのです。反論をしても、「では、環境を汚染《おせん》し、破壊《はかい》してよいのか」と言われたら、何も言えず、黙《だま》るしかありません。そのため、あっという間に洗脳されてしまうのです。

環境や福祉の問題のなかには本当に大事なものもありますが、実は嘘《うそ》もかなりあります。猫《ねこ》をかぶって、ごまかしている部分が、そうとうあるのです。ここに気をつけなければいけません。

今、環境問題については敵が少なく、環境問題を言えば、右翼《うよく》から左翼まで誰《だれ》からも反論されない状態にあります。「それは、おかしい」

と反論できるだけの見識と勇気のある人がいないのです。

そのため、政治家には、すぐ環境問題を出したがるところがあります。

昔は、「教育問題を持ち出してきたら、政権の最後」とよく言われていました。教育問題を出せば、誰も文句を言わなくなるので、支持率が下がると、「教育改革」と言えば、よかったわけです。

しかし、今は、教育も、どうしようもない状態になっていて、「教育改革」と言えなくなっています。

そこで、今は「環境問題」をよく言ってくるのです。

したがって、政治家が環境問題を持ち出してくることに対し、気をつけなければならないと思います。

今年の六月に、麻生《あそう》首相は、「日本は先進国のトップを切って、二〇二〇年までに、CO_2などの温室効果ガスの排出量《はいしゅつりょう》を十五パーセント削減《さくげん》する」という方針を発表したり、七月のG8《ジーエイト》では、「二〇五〇年までに、先進国の温室効果ガスの排出量を八十パーセント削減する」という目標を発表したりしていて、まことによいことのように聞こえますが、「ちょっと待った」というところがあるのです。

以前、問題になった、「フロンガスが上空にたまることによって、オゾンホールという穴が開き、地上に到達《とうたつ》する紫外線《しがいせん》の量が増大する」という場合の環境破壊とは内容が違《ちが》います。これを間違わないでいただきたいのです。

多くの人は、「CO_2の量が増えると、地球は温暖化し、気候変動がたくさん起き、この世に、悪いことが、いろいろと、はびこる」ということを無抵抗に信じていますが、これは、まだ一つの仮説にすぎないのです。

気象学者が立てた単なる仮説でしかなく、その可能性もないとは言えませんが、まだ、データも不十分であり、十分に検証されていないものなのです。

つまり、「仮説として考えたら、最悪の場合、こういうことも起こりうる」ということを言っているだけなのです。

しかし、世界中の誰もが信じさせられています。

世界各国の首脳が集まっても、「何十パーセント削減するか。最終的には八十パーセントまで削減しなければいけない」などと議論しています。

麻生首相も、「エコカーを買った人には減税をする。補助金を出す」などと言っています。環境問題であれば敵がいないので、そういう政策を実施《じっし》し、お金をばらまいていますが、私は、「ちょっと待て。何かおかしい。怪《あや》しいぞ」と感知しています。

実に怪しいところがあります。なぜなら、「大気中にCO_2が増加したら、地球の温暖化が始まる」という説について、合理的な因果関係がまだ証明されていないからです。

今の地球温暖化が始まったのは一八五〇年からです。ところが、大気中のCO_2が増え始めたのは一九四〇年からです。これは、おかしなことです。九十年ずれています。

「一九四〇年から温暖化が始まった」ということなら分かります。ところが、大気中のCO_2濃度《のうど》が増えたのは一九四〇年からなのに、温暖化が始まったのは一八五〇年からなのです。

しかも、一八五〇年から温暖化が始まっていますが、現在に至る過程で、一回だけ寒冷化が起きています。その時期は一九四〇年から一九七五年までです。

この三十五年間において、温暖化していた地球が逆に寒冷化していきます。その間は平均気温が下がっていったのです。そして、一九七六年以降、再び平均気温は上昇《じょうしょう》に転じ、急速に上がってきているのです。

このように、二十世紀の終わりだけを見たら、大気中のCO$_2$の増加と温暖化が連動して起きたかのように見えますが、もう少し遡《さかのぼ》って見たら、一九四〇年にCO$_2$が増え始めてから三十数年間、実は寒冷化が起きており、両者には因果関係がない可能性が高いと言えます。

実は、地球は千五百年周期で温暖化と寒冷化を繰《く》り返しています。過去、百万年の歴史を調べると、約六百回、温暖化が起きているのです。

したがって、「温暖化は、CO_2などの温室効果ガスの影響《えいきょう》で起きるのではなく、地球自体の天然現象として、温暖化と寒冷化が起きる。地球は、そういう周期を持っている」と考えられるのです。

温暖期は人類にとって〝幸福な時代〟

もっと大きく言えば、氷河期は一万年単位で起きています。今から一万年ぐらい前までは氷河期であり、この氷河期が終わって温暖化が始まり、文明が発達してきたのです。

大きな流れとしては、やがてまた氷河期が来るのですが、氷河期と氷河期との間は、温暖な気候が続く時代です。

過去、百万年ぐらいの歴史を見ると、必ずこうなっています。

こうしてみると、温暖化が続いている間は、実は、人類や地上の生き物にとっては非常に幸福な時代なのです。

したがって、氷河期に戻《もど》すようなことは、そう簡単には、したくないものです。氷河期になると生活が本当に苦しくなります。生き物にとって寒さというものは非常に大変です。食べ物はなくなりますし、凍《こご》え死ぬこともあります。

一方、気候が温暖になると、生活は非常に楽になるのと同時に、食べ物も豊富になってきます。そして、生物は巨大化《きょだいか》していきます。恐竜《きょうりゅう》の時代も温暖な時代でした。食べ物が豊富であったために、あれだけ巨大化したのです。

温暖化には生物を巨大化させる力があります。

例えば、コイの仲間は、日本だと、大きくても、せいぜい一メートルぐらいにしかなりませんが、東南アジアのタイあたりに行くと、三メートルぐらいにまで大きくなるものもいます。

それは、水温が高くて、食べ物が豊富だからです。温かくなると、水中の食べ物が増えるので、大きくなってくるのです。

南米のピラルクという魚もそうです。体長は二メートルから三メートルぐらいあります。

さらに言うと、CO_2は植物にとっては〝食べ物〟です。

CO_2がなければ光合成はできません。「CO_2を吸収して栄養分をつくり出し、酸素を外に放出する」ということが植物の仕事なのです。「CO_2が増える」ということは、「植物にとって非常に好都合な環境になる」ということであり、これは、「植物が繁茂《はんも》する」ということを意味しています。

気象学者のなかには、「温暖化によって海水の蒸発量は増えるが、氷河の氷が解けるので、海面が何メートルか上昇し、一部の地域は水没《すいぼつ》してしまうだろう」「海面上昇や干ばつ、砂漠化《さばくか》の影響で、二〇五〇年までに十億人が難民になるだろう」ということを一生懸命《いっしょうけんめい》に警告している人がいます。

しかし、一部の物理学者は、「海面上昇はありえない」と言っています。「温暖化によって蒸発する水の量が増えれば、南極などでは降雪量が増えるので、氷の量は増加する。そのため、海面が数センチ上昇することはあっても、何メートルも上昇して水没するようなことはない。気象学者が言っていることは間違いである」と主張しているわけです。

また、温暖期には文明がけっこう発展しています。

例えば、ローマが発展した時代には、地球は非常に温暖であったと言われています。ローマの遺跡《いせき》には公衆浴場がありますが、当時、人々は昼間から風呂《ふろ》に入っていました。寒かったら裸《はだか》にはなれないので、かなり温暖であったと思われます。

中世の十世紀から十四世紀ごろも温暖な気候でした。そのころ、イギリスの北西に位置するグリーンランドは、氷が解けていて緑地だったのです。現在は氷に閉ざされていますが、畑を耕し、農作物が穫《と》れた時代もあったのです。この事実は、はっきりしています。その後《ご》、寒冷化によって氷で閉ざされていったのです。

今、温暖化が進み、グリーンランドの氷が解け始めたり、シベリアの永久凍土《とうど》が解け、普通《ふつう》の土地になろうとしたりしていますが、私には、「地球が、食料をもっと増産できる態勢へ向かおうとしている」というように思えます。

もし、温暖化によって、海水の蒸発量が増え、雨がより多く降ることになるとしても、サバンナ地帯や砂漠地方に雨が降るようになれば、現在、植物が生えていない地帯が、田畑に変わっていく条件ができていくのです。

今、世界の人口が百億人に向かって増えようとしているので、「地球自体が、もっと多くの生物が住めるような環境に、自分を変化させようとしている」というようにも思えます。

世界各国の間で、「CO_2などの温室効果ガスを、二〇五〇年までに八十パーセント削除しよう」などということが議論されていますが、結局、ほとんど意味がないと私は思います。

性急なＣＯ$_2$排出削減《はいしゅつさくげん》は、不況《ふきょう》を促進《そくしん》させる

今、先進国は不況《ふきょう》で苦しんでいますが、性急なＣＯ$_2$排出削減《はいしゅつさくげん》には、不況を促進《そくしん》する効果があります。これは間違いありません。工業生産等において、そうとうなハンディとなり、当然、経済を押《お》し下げる効果が出てくるのです。

さらに、困ったこととしては、「発展途上国《はってんとじょうこく》の発展を止める効果もある」ということです。

発展途上国が省エネ技術に到達するまでには、かなり時間がかかります。省エネ技術の前に、まず機械を動かすところから始めなければ、

文明をつくれないのです。

「地球温暖化を防止するために、CO_2を出さないように」と言うことは、近代化を止めることと同じです。そうすると、今、飢餓《きが》で苦しんでいる地域の人たちは、豊かになれなくなる可能性が極《きわ》めて高いのです。

「CO_2の増加が温暖化をもたらす」という話は、机上《きじょう》の空論である可能性がかなり高いので、よく注意していただきたいと思います。

〝エコ信者〟のなかには〝隠《かく》れ左翼〟の人もそうといます。彼らは、少し前までは、「憲法九条を守れ」とか言っていたような人たちです。

「憲法九条を守れ」とは、今では、社民党や共産党ぐらいしか言わなくなっているので、少し言いにくくなっているせいか、左翼の人がエコのほうにだいぶ入ってきています。それに気がつかなければいけません。

右寄りの人も、環境問題だと、騙《だま》されて、スッと乗せられてしまうことがあります。

例えば、小池百合子氏は、環境問題について、いろいろな政策を提案しています。しかし、前提が間違っているので、それをそのまま実行したら大変なことになります。

麻生首相は、十五パーセントの削減目標を決めましたが、小池氏は、

「それでは甘《あま》い。もっともっとCO_2排出の削減をしなければいけない」と思っていることでしょう。

小池氏は、新聞やテレビなどで、「環境福祉税を創設したい」と言っています。要するに、CO_2を出すような企業《きぎょう》や製品に対して、税金をかけようとしているわけです。

国民は「環境」と「福祉」を出されたら抵抗ができないので、環境福祉税という新税をつくり、それで税収を上げようとしているのでしょうが、あっさりと騙されないようにしたほうがよいでしょう。

環境福祉税には、景気を冷え込《こ》ませ、不況を増大させ、発展途上国の飢餓をさらに進める可能性もあります。

もちろん、私も、「いわゆる公害レベルのものは防止すべく努力しなければいけない」と考えます。公害の垂れ流しは先進国がすでに経験したことなので、発展途上国においても対策を促進させなければいけないでしょう。

しかし、「CO_2の増加によって、地球が温暖化し、破滅的《はめつてき》な最後になる」という考え方は、一種の終末論であり、そうなることはありえません。必ず地球の自動調整装置が働きます。CO_2の増加と温暖化とは特別な因果関係はないのです。

「蓋然性《がいぜんせい》がある」というだけで、今日《こんにち》のような極端《きょくたん》な反応をしている人たちは、〝環境左翼〟とでも言うべき人たちです。「自然に帰れ」

というルソーの教えではありませんが、要するに、彼らは、「原始時代に帰れ」と言っているのです。

これは、実は、「大企業や資本主義の発展を妨《さまた》げよう」という左翼運動であり、姿を変えたマルキシズムです。これに気をつけなければいけません。

第2章　国民を守る「毅《き》然《ぜん》たる国家」へ

1　潜《せん》在《ざい》意識で、中国の核《かく》の傘《かさ》を選《せん》択《たく》している民主党

国防問題を選挙の争点にしようとしない既《き》成《せい》政党

外交・防衛問題は非常に重要なテーマです。

しかし、衆議院選挙が近づいている今、自民党も民主党も、この問

題を意図的に避《さ》けています。今までの経験から、「憲法九条や戦争に関連することを争点にしたら、選挙に負ける」ということを体験しているので、争点にしたくないのです。

自民党は、「国連などの国際的な力で対処する」というぐらいのことを言うあたりで、ごまかしています。一方、民主党のほうは、「まったく考えていない」という状態に近いのです。

先日、ある報道番組を観《み》ていたところ、キャスターが民主党の政策を見て、「安全保障が一つも載《の》っていませんね」と言ったときに、出演していた菅直人《かんなおと》氏は、一瞬《いっしゅん》、絶句していました。

番組では、そのコーナーのあとに北朝鮮《きたちょうせん》の問題を取り上げていましたが、ミサイル危機が迫《せま》っているのに、民主党はこの問題をまったく考えていません。

実は、「考えていない」のではなくて、「考えたくない」のです。考えたら、自分たちの存立基盤《きばん》が壊《こわ》れてしまうからです。

あえて言うとすれば、「民主党の幹部たちは、アメリカの核《かく》の傘《かさ》から、中国の核の傘のなかへ、しだいに入っていくことを、潜在《せんざい》意識下で選択《せんたく》している」ということなのです。

日本を守る意志が見えないオバマ大統領

私は、去年（二〇〇八年）の秋ごろから、「アメリカにオバマ政権が誕生したら、日本は危険になる」ということを何度も警告していました。彼の頭のなかには「日本を守る」という考えがないことは分かっていたので、「日本は危ない」と感じていたのです。

今の北朝鮮問題も、例えば、ブッシュ氏やその後継者《こうけいしゃ》だったマケイン氏が、現在、大統領であれば、北朝鮮に対して、「日本や韓国《かんこく》に手出しをしたら、アメリカは許さない」と、当然、宣言したはずです。

このような宣言だけでも抑止力《よくしりょく》になるのですが、オバマ大統領は何もしない可能性が高いため、危険度は、かなり増大しました。オバマ氏が大統領に選ばれたことは、日本にとっては不幸な選択であったと思います。

オバマ大統領には、おそらく、日本や朝鮮半島、中国のあたりのことが、根本的によく見えていないのだろうと思います。それは、しかたがないことかもしれません。

例えば、「中米のホンジュラスで、大統領を巡《めぐ》って何か騒動《そうどう》が起きているらしい」ということが、ニュースで聞こえてきても、日本人にとっては、漠然《ばくぜん》としていて、何が起きているのかがよく分からないはずです。

同じように、日本と韓国と北朝鮮とがもめていることが、オバマ大統領にとっては何か漠然としているのだろうと思います。認識としては、おそらくそうでしょう。

そのため、「中国あたりが中心になって、まとめればよいのではないか」というように考えているのだろうと推定します。

オバマ政権には外交関係の専門家もいるのですが、トップである大統領が理解していない場合は、やはり、なかなか動かないのです。

私が予想したとおり、アジア圏《けん》が見えていない人であったので、四月五日、北朝鮮が長距離弾道《ちょうきょりだんどう》ミサイルを発射し、日本列島の上空を通過させたときには、第七艦隊《かんたい》はミサイルを撃《う》ち落とす準備をしていたにもかかわらず、オバマ大統領は、「撃つな」という命令を出して、そのまま見逃《みのが》しています。

さらに、今、自衛隊の次期主力戦闘機《せんとうき》を巡って、日本はアメリカともめています。

日本はF22を買おうとしているのですが、オバマ大統領は、「F22は、米ソという超大国《ちょうたいこく》が冷戦状態にあった時代の産物であり、今はもう必要がない。F22は非常に高価だし、必要もないので、そもそも生産するべきではない」ということを言っています。アメリカの産業界のほうには、日本に売る気があるのですが、オバマ大統領は「日本に売らない」と言っている状態なのです。

F22は、いわゆるステルス戦闘機であり、レーダーに映らない戦闘機です。F22を使えば、夜間に敵地に飛んでいき、目標地点を攻撃《こうげき》して帰ってくることが可能です。しかも、このステルス型は、今まで一機も撃墜《げきつい》されていない戦闘機なのです。

Ｆ22が日本に何機か導入されるだけでも、防衛力が非常に高まるのですが、オバマ大統領は、「日本に売る気はない」と、はっきり言っています。

このように、オバマ大統領は、判断がすべて逆に出てくるので、基本的に日本を守ってくれそうにはありません。

北朝鮮《きたちょうせん》の脅威《きょうい》が高まっている今、外交政策のない民主党政権の誕生は危険

ここで、もし、鳩山《はとやま》民主党が政権を取り、アメリカも日本も民主党

政権になったら、どうなるでしょうか。日本の国防は非常に危険な状態になります。日米安全保障条約そのものが危なくなるのです。

日本の民主党は、国防関係については理解がなく、アメリカの民主党でさえ、「日本の民主党の人に会ってもしかたがない」と言っているほどです。アメリカとの間に亀裂《きれつ》が入るおそれが、そうとうあります。

民主党は割にハト派のような言われ方をしますが、皮肉なことに、アメリカでは民主党政権の時代は戦争がよく起きます。

日本も、民主党政権にならなければ、核《かく》武装は必要がないのですが、民主党政権になって、日米関係が崩《くず》れた場合には、もしかしたら、

「核武装が必要になる」という逆説の起きる可能性が出てきます。

私は、近著『政治に勇気を』（幸福の科学出版刊）にも書きましたが、今、いちばん問題になっていることを、焦点《しょうてん》を絞《しぼ》って述べるとすると、「北朝鮮《きたちょうせん》はミサイルを発射して日本を威嚇《いかく》しているが、金正日《キムジョンイル》の本心は、まず韓国併合《へいごう》である」ということです。このことは知っておいたほうがよいでしょう。

北朝鮮自体は、非常に貧乏《びんぼう》であり、一般庶民《いっぱんしょみん》のレベルでは、本当に飢《う》え死にしている人が数多く出ていますが、軍事費だけは非常に多いのです。

そして、なぜか、中国から北朝鮮への、食糧《しょくりょう》と重油の供給は増えています。実は、中国は北朝鮮に軍関係の支援《しえん》はしているのです。

それゆえ、北朝鮮の非核化を推《お》し進める六カ国協議の議長を中国にやらせても、中国には本気でやるつもりがないことは明らかです。

中国は、「北朝鮮に親アメリカ政権が立ったら自国が危なくなる」と考え、そういう態度をとっているわけです。

西側寄りのように見せながら、それは半分でしかなく、実は、残りの半分では、「自国の防衛ができるように、北朝鮮に中国寄りの政権を残しておきたい」というのが中国の今の立場です。中国は、コウモリのように、動物でも鳥でもないような姿をとっているのです。

したがって、日本は、基本的な考え方として、次のようなことを、はっきり固めておかなければいけません。

北朝鮮が南進することによって、韓国を併合してしまう未来像を肯《こう》定《てい》するのか。それとも、韓国が北朝鮮を併合し、朝鮮半島が、自由と民主主義という西側の価値観を持った国になるほうがよいのか。このどちらかを必ず選ばなければなりません。それは近未来のことであり、それほど先のことではありません。

しかし、民主党には外交政策がないので、今、非常に危険な政権選択がなされようとしています。

さらに、もし韓国が北朝鮮から攻《せ》められたら、日本の自衛隊は迷わず韓国を助けなければいけません。

北朝鮮が韓国を併合したら、次は日本も危なくなるので、韓国を迷わず助けなければならないのです。オバマ大統領が何と言おうと、まず日本が動く必要があり、その後、アメリカも引きずり込《こ》まなければいけません。

自民党も民主党も、国防について言うと選挙で不利になるので、その問題から逃げていますが、防衛問題をタブーにせず、きちんと正しいことを言う政治家でなければ、存在する意味はないと思います。

2　アジアに本当の平和と繁栄《はんえい》をもたらすために

日本の主要都市を狙う、中国の核ミサイルの脅威《きょうい》

北朝鮮《きたちょうせん》の次には中国による危機が来ると推定しています。

中国は経済成長をかなり果たしています。今、GDP（国内総生産）は日本が世界二位ですが、中国は三位にまで追い上げてきています。

しかも、軍事費は、アメリカが世界一位であり、中国は二位、そし

て、日本は七位です。

まず、この事実をきちんと知ってほしいと思います。

では、なぜ、中国は、毎年、軍事費を十パーセント以上伸《の》ばし、軍備を拡張しているのでしょうか。それは最終的にアメリカとの覇権《はけん》戦争に備えているからなのです。

中国には、北朝鮮のノドンミサイルより、もっと破壊力《はかいりょく》があり、もっと怖《こわ》い兵器があります。

それは、「東風《とうふう》3号」と「東風21号（巨浪《きょろう》1号の陸上発射型）」という核《かく》ミサイルです。この二つが実戦配備されていて、「そのうちの数十基は、日本の主要都市に照準が向けられている」と言われています。

そして、「これらが発射された場合、日本人は、三千万人以上、死ぬ」と言われているのです。北朝鮮の核ミサイルによる被害《ひがい》どころではありません。

アメリカが中国との核戦争を覚悟してまで、日本を守ってくれるかどうかは、はっきり言って、大いに疑問があります。

中国は、北朝鮮よりは、やや国際社会に入っているので、そう簡単に暴走するとは思いませんが、ただ、三千万人の命が担保に入っているために、日本は、中国との交渉事《こうしょうごと》では、非常に弱腰《よわごし》になっているわけです。

中国は、二〇〇〇年代に入り、東風31号などの長距離弾道弾《ちょうきょりだんどうだん》をつくり、アメリカに対しても主要都市を狙《ねら》えるようにしたのですが、現時点では、外交上の問題で、アメリカの大都市への照準は外しているようです。

しかし、日本に対しては照準を外していません。「撃《う》て」と言ったら、すぐに、日本の都市に向かって核ミサイルを撃てるような状態になっています。そして、日本は、「中国の核攻撃から自国を守るための十分な装備は、何も持っていない」というのが現状です。

これが、日本をめぐる国際情勢です。

中国は、台湾《たいわん》を併合《へいごう》したら、次に尖閣《せんかく》諸島や沖縄《おきなわ》を狙《ねら》ってくる

今、中国の主たる関心は台湾《たいわん》にあります。台湾は、馬英九《ばえいきゅう》総統が中国に対してかなり親和的な政策を採っているので、中国のほうは、「できれば無血で台湾を吸収・合併《がっぺい》したい」と考えている状況《じょうきょう》です。それを狙《ねら》っているはずです。

これはヒトラーのオーストリア併合《へいごう》に近いと思います。ヒトラーは、「オーストリア人もドイツ人も、もともと同じ民族である」という理由で、いきなりオーストリアを併合しましたが、中国は、そういうかたちでの併合を狙っているようです。

もし台湾が中国に併合された場合、中国は、その次に、沖縄《おきなわ》を狙ってくると私は見ています。はっきり言えば、尖閣《せんかく》諸島や沖縄の島嶼群《とうしょぐん》で、紛争《ふんそう》が必ず起きるであろうと予想しています。それは、それほど先のことではないと思います。

しかし、前述したように、日本人の三千万人の命が担保に入っているような状況なので、中国に島を一つぐらい取られたとしても、自衛隊もアメリカ軍も動かない可能性が極《きわ》めて高いのです。

島を一つ取って実績をつくったら、次々と島を取り始め、最終的には、「沖縄は中国固有の領土である」と言いかねない面もあります。

日本を守るとともに、全体主義国家の体制を変える努力を

私は、いたずらに戦争を煽《あお》ったり勧《すす》めたりする気は、まったくありませんが、「自分の国を他国の植民地にはさせない」という強い意志と気概《きがい》を持っていなければいけないと考えます。

隙《すき》をつくれば、そういうことは、なされてくるのです。人類の歴史を見れば戦争の歴史です。戦争と戦争との間に、つかの間の平和があるだけであり、ほとんどは戦争の歴史なのです。

残念ながら、平和を愛する人たちばかりに囲まれた時代は、それほど多くはありません。すでに六十数年、平和の時代が続きました。今

の日本人は、平和ボケしているとも言われています。しかし、今後は、違《ちが》った時代がやってくるかもしれません。

私は、幸福実現党を旗揚《はたあ》げしましたが、北朝鮮を、非核化させるのみならず、ミサイルを乱射するような体制を持った国体から、自由で民主主義的な国家に変えるために、全力を尽《つ》くしていきたいと思います。外交ルートから意見を述べるなど、さまざまな方法を使って、北朝鮮が民主的な国に変わるように努力したいと思います。

さらに、北朝鮮の背後に控《ひか》えている中国に対してもアプローチをかけていきます。

中国の〝下半分〟は西洋社会に似てきてはいますが、〝上半分〟では、相変わらず、共産主義による全体主義国家のかたちが残っています。中国の指導者層は、「今の体制を維持しないと、自分たちを守り切れない」と考え、現体制をずっとキープしているのです。

今後、十年、二十年と時間はかかるかもしれませんが、幸福実現党は、「中国の本当の意味での自由化・民主化を、ぜひとも成し遂《と》げ、中国を西側世界のなかに引き込《こ》みたい」と考えています。

中国も含めたアジアにおいて、本当に平和で安定的な繁栄をつくりたいのです。

嘘《うそ》をついてまで政権を取ろうとする民主党は非常に危険

中国に対しては、日本の政府は弱いし、マスコミも、とても弱いのです。

今、「民主党政権になるかもしれない」と言われていますが、鳩山《はとやま》民主党政権で中国の折伏《しゃくぶく》ができるとは、到底《とうてい》、思えません。

むしろ、「『中国の核《かく》の傘《かさ》のなかに入りたい』と言いかねない」というおそれを、私は感じています。

幸福実現党は民主党の外交政策を批判していますが、実はアメリカも同じことを言っています。

今年六月、アメリカ議会は、親日派の人などを招集し、日本をテーマとした公聴会《こうちょうかい》を開いています。そのなかで、ある人は、「もし日本の政権が自民党から民主党に替《か》わったら、日米関係は非常に重大な局面を迎《むか》えるだろう」ということを述べています。

今、民主党は、アメリカと幸福実現党の両方から批判をされ、外交政策を変え始めています。

「いざ政権を取るとなったら、ただ単に野党として反対をしているだけでは駄目《だめ》だ」と分かってきつつあるのでしょうが、それは、やはり、「政権を取るために、嘘《うそ》をついていた」ということです。

その、嘘をついて与党《よとう》を批判していた側を勝たせようとする勢力が根強くあるので、非常に危険です。

しかし、野党連合が成立するかどうかは怪《あや》しいかぎりです。考え方はバラバラなので、おそらく、あっという間に分裂《ぶんれつ》し、沈《しず》んでしまうでしょう。その可能性が高いと思います。

そういうことを考えると、やはり、正論を吐《は》き続ける政党がなければいけません。勇気を持って、「正しい」と思うことを言い続ける政党がなければならないのです。

幸福実現党は、たとえ票につながらなくても、言うべきことは言わなければいけないと考えています。

第3章 「夢の国・日本」を実現しよう

1 積極的な「人口増加策」を採るべき時

二〇三〇年ごろには六十五歳《さい》以上の人口が現役《げんえき》世代の五割を超《こ》える

今年は二〇〇九年です。「西暦《せいれき》二〇三〇年」という年に日本の国がどういうふうになるかということですが、この国の政治運営や、社会状況《じょうきょう》が、このままで推移していくと、第1章で述べたとおり、二〇三〇年ごろには、「高齢者／現役《げんえき》比率」が五割を超《こ》えます。これは大変なことです。

まだ二十年も先なので、想像するのは難しいかもしれませんが、二〇三〇年ごろには六十五歳以上の人口が現役世代（十五歳から六十四歳）の五割以上になるのです。

ところが、今の政治において、責任ある立場にいる人たちは、おそらく、そのころまでは生きていないでしょう。あと数年ぐらいしか活《かつ》躍《やく》しない人が多いと思います。

そのため、その時点までの責任は感じていないと思うのです。やはり、今年や来年といった、目先の政権運営、あるいは、選挙で多数を取ることが頭の中心にあり、それほど先のことまでは考えていないと思います。

「二〇三〇年ごろには現役世代に対する六十五歳以上の割合が五割を超える」ということは、どういうことでしょうか。今、年金制度が、いろいろと問題になっていますが、これだけ述べたら結論はもう見えるでしょう。年金制度は崩壊《ほうかい》します。このままでは絶対にもちません。

年金問題を解決するには人口増大政策しかない

これを根本的に解決する方法は、今、幸福実現党が訴《うった》えている政策以外にないのです。「人口を増大させる」ということです。

日本人に、「日本は、単一民族であることを楽しんできた。それで平和で安全な国だったから、よかった」というような気持ちがあるのは分かります。

しかし、「移民」という政策を採らないかぎり、この国は絶対に潰《つぶ》れます。この先、二十年後には潰れているのです。どうしても、国の方針を変えなくてはいけません。

そのためには国論を変える必要があるのです。日本を、もう少し国際化した国にしなければいけないわけです。

先進国は、どこも人口が減っていますが、先進国のなかで、若い層がまだ増えているのはアメリカぐらいです。それは移民が入っているからです。

日本も、これからは、アメリカのように、若い世代の外国人に入ってもらわなくてはなりません。本腰《ほんごし》を入れて、移民政策に取り組まないと、この国はもたなくなるのです。

日本人の平均寿命《じゅみょう》は、厚生労働省の今年七月の発表によると、「男性は七九・二九歳で世界四位、女性は八六・〇五歳で世界一位」です。

日本は、そういう長寿《ちょうじゅ》社会を達成したのですが、今後、六十五歳以上の人が五割以上となったときに、それを若い人で支え切れないのです。

若い人に、これを支えさせようとしたら、重税を課す以外に方法はないのですが、この重税には耐《た》えられません。やはり潰れてしまいます。

これを支えようとしたら、若い人の平均税率は五十パーセントぐらいにはなるでしょう。しかし、そんな国では働けません。住んでいられなくなります。高額所得者でもない人が、そのくらい税金を払《はら》わなければ、国がもたなくなるのです。

それを支えるためには、やはり人口増しかないのです。

子育て支援《しえん》と移民政策で「人口増」を図れ

したがって、若い人たちが、安心して子供を生み、子育てができる社会へと積極的に踏《ふ》み込《こ》むために、子育て支援《しえん》をする体制もつくらなければいけません。

また、労働力として、あるいは、高度な仕事をしている女性をヘルプする戦力として、やはり、移民を受け入れることが必要です。

特に、アジア・アフリカ系の人たちのなかで、日本語の学習もして、日本で仕事をしてくださる方を、できるだけ増やしていかないと駄目《だめ》です。まだ、差別的な扱《あつか》いを受けることが非常に多くて、完全に入り切れないでいるのです。

今年の三月、私がオーストラリアへ伝道に行ったとき、日本航空の旅客機に乗ったら、ＣＡ（客室乗務員）のなかで日本人女性は一人だけであり、あとは、「日本人によく似ているけど、日本語が少し変だなあ」と思ったら、みなタイ人の女性でした。タイ人の女性を日本航空の子会社が採用し、日本語と英語とを話せるようにして、ＣＡとして乗せているのです。

そういうかたちで、すでにタイの人も入っています。

また、病院には、看護師候補者として、インドネシアの人がかなり入ってきています。しかし、「日本に来て三年以内に看護師資格を取らなければ、以後は日本に滞在《たいざい》できない」ということなので、みな、恐怖心《きょうふしん》でいっぱいのようです。

実際に手伝《てつだ》ってくださってはいても、漢字が読めないので、「せめて、看護師の試験の漢字に、ふりがなを振《ふ》ってくれないか」と言っているようですが、なかなか、そうはならないようです。また、日本語の勉強も各病院に任されていて、統一的な方針が出されていないため、「看護師資格が取れなくて母国に帰る」ということになる人も多く出るかもしれません。

日本は、まだ国際的に開かれていないのです。それは、本当のニーズというものを十分に理解していないからです。また、「日本人だけで単一民族でいると、平和で安全で犯罪もなくてよい」という気持ちがあるからです。

ただ、その将来はというと、前述したとおり、二十年後には、現役世代に対する六十五歳以上の割合が五割を超えて、この国は、もたなくなって潰れます。

したがって、「何としても人口増に取り組まなければならない」ということを知ってください。これは非常に大きな政策なのです。

自民党も民主党も、重要なことを選挙の争点にしていない

幸福実現党が言っている、「北朝鮮《きたちょうせん》のミサイル阻止《そし》」「憲法九条改

正」ということは、自民党も民主党も言いません。それを言うと選挙に不利になるからです。憲法九条に触《ふ》れて選挙で勝ったためしがないのです。既成《きせい》政党は、みな、そのことをよく知っていて、その論点から逃《に》げています。また、マスコミも、そのことを知っているから、その点には突《つ》っ込まないのです。

平気で言っているのは幸福実現党だけです。「命知らずだ。全員落ちるつもりか」と言われています。しかし、言わなくてはいけないので、言っています。それを言わなければ政府が対策をとらないので、何としても尻《しり》を叩《たた》かなければいけないと考えているのです。

移民の問題も同じです。これを言っても人気が出ないのです。移民と言うと、日本人は、「外人がたくさん入ってくるのか」と思い、とても怖《こわ》がります。そのため、あまり票にならないわけです。

ただ、これを言っておかないと、前述したように、将来、この国は必ず沈没《ちんぼつ》します。潰れてしまうのです。そのため、誰《だれ》かが言わなくてはいけないので、損な役割ではありますが、幸福実現党が言っています。

こうしないかぎり、この国の長期的な発展はありえません。

日本が、人口増を目指して、人口ピラミッドの下の部分が広がっていくスタイルになれば、年金問題等は、自然に解決していく方向に向かっていきます。

日本は十五年以内に「七十五歳まで働く社会」に移行する

もう一つ、どうしても述べておかなければならないことがあります。今から見て、あと十五年以内に、日本は、「七十五歳ぐらいまで働くのが普通《ふつう》」という社会に必ず移行します。七十五歳までは現役《げんえき》で働かなければ、この国は、もたなくなります。

若い人を増やさなくてはいけないとともに、そんなに早く引退できない時代がもうすぐ来ます。十五年以内に、定年は七十五歳まで延びます。間違《まちが》いありません。

したがって、七十五歳まで働ける職業をつくり出さなければいけないのです。そうしないかぎり、この国は立ち行かなくなります。

しかし、「七十五歳まで働ける仕事とは、いったい、どのような仕事だろう」ということを考えてみると、肉体労働を中心にした仕事は、やはり厳しいでしょうし、製造業中心の仕事も、やはり少し厳しいだろうと思います。

「六十歳を過ぎてから、付加価値を生める仕事は何か」ということを考えると、それは、智慧《ちえ》と経験が必要とされるような仕事です。そういう仕事が、尊敬される仕事だろうと思います。

やはり、「知識社会のなかでの、より高度な職業をつくっていく」ということが一つであろうと思うのです。

そういう、ある意味でのソフト産業を、高齢《こうれい》マーケットに向けて開いていかなければなりません。

宗教には、当然、信仰《しんこう》というものが、一本、立っているため、宗教を産業に分類されるのは、私としても非常に迷惑《めいわく》なので、こういうたとえをするのは不本意なのですが、宗教は、やはり、経験や知識が非常にものをいう職業なのです。

はっきり言えば、お寺の住職は七十歳でも八十歳でも働いています。なぜでしょうか。知識がある。経験がある。なかなかためになる話ができる。人にアドバイスができる。お経《きょう》を読んでもらっても、ありがたい。このようなことがあるからです。

宗教であれば、そうした終身制に近いような仕事をやっている人は、あちこちに、たくさんいます。僧侶《そうりょ》だけでなく、牧師でもそうです。宗教には、そういう面がありますが、同じように、知識や経験が活《い》かせるようなソフト産業、高齢マーケットのソフト産業をつくらなければいけないのです。

これは、今すぐにでも取りかからなければいけないことです。十五年以内に、七十五歳までは普通に働く時代が来るのです。そうしないかぎり、若い人だけでは、とても背負い切れなくなります。そして、ついには、この国から若い人が脱出《だっしゅつ》し始めます。そのおそれがあるのです。

したがって、この国の構造そのものを変えていかなければならない時期に、今、来ていると思います。

2 「年金問題」の根本的な解決方法とは

年金保険料の使い込《こ》みは詐欺罪《さぎざい》か横領罪に当たる

自民党が消費税率を引き上げようとしている理由の一つとして、「年金制度の崩壊《ほうかい》」もあるらしいということは分かっています。

老後に年金をもらえるものだと思って、保険料を払《はら》っていたら、そのお金は、実は使われていたのです。国民は、まさか、年金保険料を使い込《こ》んでいるとは思わなかったでしょう。

国民は、一定の年齢《ねんれい》に達したら、きちんと支給してもらえるものだと思って、ずっと積み立てているつもりでいました。ところが、なんと、「税金の足りない分を年金保険料で賄《まかな》っていた」ということなのです。これはショックです。

人口が増え続け、年金加入者が増え続ける状態であれば、それでも運営できたはずですが、そうはならないことぐらい事前に分かっていたはずです。

この問題は、国民の側の問題ではありません。これは、その当時の政権が、当然、責任を持たなければいけない問題です。

客観的に言えば、「国民が、将来、もらえるものだと思って積み立てた年金保険料を、税収の不足分を補うための税金だと思って使っていた」ということであれば、第一義的には詐欺罪《さぎざい》の疑いがあります。「国民には年金保険料と称《しょう》していたが、本当は税金だった」ということであれば、これは詐欺です。

私は最初から税金だと考えていました。二十代のときから、「名前を変えて税金を取っているな」と思っていたのです。しかし、大部分の国民は知らなかったはずです。これは明らかに詐欺罪の可能性があります。

もし詐欺ではなかったとしたら、何でしょうか。

「年金として給付する気はあったが、他の用途《ようと》で使ってしまい、なくなってしまった。税収が減ったので、つい出来心で使ってしまった。そのうち、どうにかなると思った。自分が定年退官したら責任は問われないので、次の代に任そうと思い、使ってしまった」ということであれば、横領罪の可能性があります。

したがって、詐欺罪か横領罪の可能性が十分にあるのです。少なくとも、年金制度に実質上かかわった人には責任があります。それは、当時の高級官僚《かんりょう》とその手伝いをした人たち、それから政治家等です。

そういう人たちは、今、定年退職をしていたり、議員を引退していたりしたとしても、ナチスの戦犯並みに責任を追及《ついきゅう》されるべきだと思います。これは詐欺罪か横領罪のどちらかである可能性が高いので、東京地検などが動いて、捕まえないと、国民の怒《いか》りは収まらないと思います。

年金の問題は、自民党に任せても、民主党が政権を取ったとしても、解決はしません。まずは、年金問題を起こした人たちが、きちんと責任を取るべきです。

現実には、使ってしまい、なくなってしまった年金保険料がかなりあり、この埋《う》め合わせができない状態になっているのです。これについては大きな責任があると思います。

景気をよくし、人口を増加させる努力を

しかし、いちばん大事なことの一つは、やはり、景気をよくすることです。

景気をよくしないかぎり、税収を増やすことはできません。景気をよくせずに、「まず、税収を上げよう」と考えるのは本末転倒《ほんまつてんとう》です。税金のほうを先に取りにかかったら、景気がもっと悪くなっていきます。結果的に、税金は取れなくなっていって、国民を苦しめることになります。

順序としては、やはり、景気をよくすることが第一なのです。景気

がよくなり、会社が立ち直って黒字化し、黒字企業《きぎょう》がたくさんできていくようにしなければ駄目《だめ》です。

ほとんどの会社が赤字で、法人税を払わず、正社員を嘱託《しょくたく》社員や派《は》遣《けん》社員に切り替《か》えていくような状況《じょうきょう》になり、「法人税を払いたくない」「所得税を払いたくない」という方向に行くなら、税収は増えるはずがありません。景気をよくしないかぎり、根本的には解決しないのです。景気をよくすることが大事です。

その上で、人口を増加させる方向で、努力していかなければ駄目です。人口の〝ピラミッド〟を、きっちりとつくり直せば、年金問題などは、根本的に解決するのです。これには、当然、幸福実現党も取り組む予定です。

家族の絆《きずな》を見直すとともに、〝年金国債《こくさい》〟の発行を

もう一つ大事なことは、「やはり、本来の姿に戻《もど》るべきだ」ということです。

身寄りがなく、老後に一人暮らしとなり、生活保護レベルの生活を送っていて、困っている人には、何とかして工面をして、年金相当分のお金を搾《しぼ》り出さなければいけないと思います。

しかし、「家族関係等のよりを戻せば、養ってくれる人は、たくさんいる」という場合であれば、お年寄りの面倒《めんどう》を見ることを、ある程

度、家族や親族に引き受けてもらうことも大事かと思います。

戦前は、今のような年金制度などありませんでした。それでも、飢《う》え死にするような人はほとんどいなかったのです。それが本来の自然体であるので、家族の絆《きずな》、親族の絆等を、見直す時期でもあると思います。

それでも、「今まで積み立てていた保険料が〝不良債権《さいけん》〟になってしまった。これは、どうしても許しがたい」という意見もあろうと思います。

これに関しては、「すでに払った年金保険料の部分については、永久国債《こくさい》風に、国のほうから〝年金国債〟のようなものを渡《わた》してもよい」と思います。

これは、金融《きんゆう》機関等で引き受けてもらえれば、換金《かんきん》できるようにしてもよいし、子孫《こまご》の代に国が黒字体質に変わっていれば、きちんと普《ふ》通《つう》に償還《しょうかん》できるようなかたちにしてもよいと思います。

年金保険料の一部を不良債権として受け入れるのであれば、そういうかたちで、国のほうが、通貨代わりに年金国債のようなものを発行してもよいでしょう。

年金保険料を積み立てたのに、きちんと給付してもらえない人であっても、「今すぐには生活に困っていない」という人に対しては、そういうものを渡してもよいでしょう。

あるいは、「国家の未来事業債のようなかたちで引き取ってもらう」ということでもよいかと思います。

この国が潰《つぶ》れないかぎり、それらの国債の財産性は保護されるので、そういうことを考えてもよいと思います。

3 オリンピックを招致《しょうち》し、日本経済の高度成長を実現する

オリンピック招致《しょうち》に反対するのは、経済音痴《おんち》の証拠《しょうこ》

日本の中心地である首都・東京のあり方について述べたいと思います。

先の都議選(二〇〇九年)においては、「二〇一六年のオリンピックを東京に招致するべきか」ということが、一つの争点になっていま

した。

都議選の立候補者にアンケートを取った結果を見ると、保守的な考え方というか、今まで責任ある政治を行ってきたタイプの考え方と、そうではなく、「何でも反対」型の考え方とで、見事に結果が分かれていました。

民主党以下、いわゆる野党連合となりそうな、社民党や共産党等の公認候補は「反対」、与党型の二つの党は「賛成」と、だいたい答えていました。

私は思うのですが、まだ不況《ふきょう》から抜《ぬ》け切っていない二〇〇九年という時期にあって、二〇一六年にオリンピックを東京に招致できるチャンスがあるにもかかわらず、「そのチャンスをつかむことなく、最初から放棄《ほうき》してしまう」という態度をとるようであっては、経済音痴《おんち》であることは間違《まちが》いありません。

オリンピックは発展のビッグチャンスである

私は、一九六四年の東京オリンピックのことを、はっきりと覚えています。

当時、東京オリンピックを観《み》たいがために、多くの家庭がテレビを購入《こうにゅう》しました。わが家にもテレビが入りました。東京オリンピックを観たいので、両親が大金をはたいてテレビを買ったのです。

私の故郷は田舎《いなか》であり、近所にまだテレビが普及《ふきゅう》していなかったので、私の家で東京オリンピックを観ていると、近所の子供たちが集まってきて、窓越《ご》しにテレビを一緒《いっしょ》に観ていたのを覚えています。四十五年ぐらい前になりますが、日本にも、そのような時代があったのです。

わが家にテレビが入ったことを誇《ほこ》らしく思ったのを覚えていますが、この東京オリンピックをきっかけにして、どの家もテレビを買うようになり、家電業界が大発展していったのです。

また、東京オリンピックを開催《かいさい》するために、道路を整備したり、交通網《もう》を充実《じゅうじつ》させたりしただけではなく、いろいろな宿泊施設《しゅくはくしせつ》をつくり、警備もきちんとできるような体制をつくりました。

こうしたことを振《ふ》り返ると、東京オリンピックは、日本が発展期に入るためのターニング・ポイントであったと言えます。

また、東京オリンピックの年に、東京と大阪の間に新幹線が開通しました。このことによる経済効果も大きかったのです。

さらに、一九六四年の東京オリンピックに続いて、一九七〇年には大阪万博がありました。子供時代の記憶《きおく》で、とても暑い夏であったことだけは覚えていますが、大阪万博でも、関西のほうは非常に盛り上がりました。東京オリンピックと大阪万博をつなぐ流れのなかで、高度成長の波が起きたのです。

そのように見てくると、二〇〇九年という時点で、「二〇一六年にオリンピックを東京に招致する」ということは、「もう一度、この国を高度成長の軌道《きどう》に乗せる」という幸福実現党の主張からいくと、またとないビッグチャンスです。このビッグチャンスを、そう簡単に逃《のが》してはならないと思います。

アメリカのオバマ大統領の出身地であるシカゴも、立候補都市として名乗りを上げているため、「強敵あり」ということで、かなり大変ではあると思いますが、ぜひとも開催都市の選定を勝ち取るべきだと思うのです。

日本の中心であり、人口の十分の一を有し、さらに、すべてのものの要《かなめ》でもある「東京」を、オリンピックを招致することによって、もう一段、発展させることができます。

さらに、今回は、前回のように単に高度成長の流れに乗せることだけを目指すのではなく、オリンピックを契機《けいき》として、「東京そのものを国際都市に変えてしまう」という大きなプロジェクトを組むべきだと思います。

日本経済のさらなる高度成長に向けて、発展のプロジェクトを組むと同時に、オリンピックを契機に、「東京を真の国際都市に変身させていく」ということに取り組むことが大事であると考えます。

それは、東京都の取り組みでもあろうし、国家にとっても、必ず、非常に枢要《すうよう》なプロジェクトの一つになるはずです。
このチャンスを逃してはならないと思います。

コンクリートを憎《にく》む発想では、人の命を救えないことも

民主党の鳩山《はとやま》代表は、「コンクリートよりも人の命が大事である」というような発言をしていますが、彼はコンクリートをとても憎《にく》んでいるように私には感じられます。

コンクリートを憎んでいるのか、麻生《あそう》セメント（現・株式会社麻生）を憎んでいるのか、その辺は微妙《びみょう》であり、よく分かりませんが、麻生セメントを憎んでいるなら一定の合理性があるとは思います。

ただ、コンクリートそのものを憎んでいるのであれば、「コンクリートの塊《かたまり》である都庁に、都議会議員を送り込《こ》むつもりではないでしょうね。都議会は、もちろん、どこかのログハウスなどの木造建築のなかでやり、まさか、コンクリートのなかでは、やらないでしょうね」と問うてみたいところです。

都庁は、東京を代表するようなコンクリートの建造物です。建った当初から、「贅沢《ぜいたく》だ」「大きすぎる」「あのなかに国会が入ってしまう」などと、ずいぶん言われたものです。

ただ、私は、鉄筋コンクリートや近代ビルディングという場合の「コンクリート」には、一つの意味があると思うのです。

「コンクリートよりも人の命のほうが大事である」という考えは、情緒的《じょうちょてき》なものにすぎません。当然、人の命は大事なものです。だからといって、「コンクリートは大事ではない」というわけではありません。コンクリートが大事な場合もあります。

東京都でいちばん大事なことの一つは防災です。人口が密集し、人口密度が高い東京では、「万一、大災害が起きたときにどうするか」ということは、非常に大事なことです。

その意味で、「地盤《じばん》のしっかりした新宿に、耐震性《たいしんせい》の高い鉄筋コンクリートの要塞《ようさい》を建てた」ということは、「万一、東京都に大被害《ひがい》が出たときに、都庁の職員が救済に当たれるような体制をつくった」ということでしょう。食料や水などのいろいろな備蓄《びちく》関係も充実しているはずです。

単にコンクリートを憎む発想であっては、人の命を救えないこともあるので、あまり物事を単純化して考えないほうがよいと思います。コンクリートそのものを憎み始めると、次には、道路やいろいろな近代化活動をすべて憎み始め、原始時代に帰っていく以外に道がなくなっていくのです。

4 「交通革命」を起こし、未来型都市の建設を

東京の〝空〟は莫大《ばくだい》な財産を生む

先日、「超《ちょう》高層ビル」とは言えないでしょうが、二十数階建てのビルに上がり、東京の町並みを見る機会がありました。まだ、土地の利用が悪く、小さな家がたくさんあって、所々にビルが建っているような状況《じょうきょう》です。

私は、窓から外を見ながら、「東京の空は、まだガラ空きではない

か。新宿や霞《かすみ》が関、臨海副都心の辺りに、やや高いビルがあるぐらいで、それ以外の所では、低いビルがまばらに建っていたり、小さな家がたくさん建っていたりするだけで、空中はガラ空きだ。空中権というものがあることを知らないのだろうか」と思ったのです。

今は、もう空中権を売買する時代に入っています。例えば、二階建ての家に住んでいる人は、「自分の財産は、土地と二階建ての家と、あとは銀行に預けているお金ぐらいだ」と思っているかもしれません。しかし、その二階建ての上にある空間は、今は空気しかないけれども、実は、すべて未来の財産なのです。

東京の空は、すべて、財産に換《か》わる可能性を秘めています。東京の空中権は数兆円か数十兆円か、いったい、どのくらいの金額になるか分からないほどの大きな財産です。それが、まだ未開発のまま、手つかずで残っているのです。

財産のもとは実はあるのです。空中権という財産権の売り買いが可能であって、開発されていない空中が、まだたくさんあるわけです。東京中を見渡《みわた》してみて、「富の創出はまだまだ可能である」と、私は見ています。

〝空飛ぶ〟リニアモーターカー構想

幸福実現党では、「モノレールなどをつくり、東京の渋滞《じゅうたい》をなくそう」という案も出しています。

私は、東京に、耐震性《たいしんせい》の高い高層ビルを建て、重要なビルの三十階あたりをモノレールか何かで結び、地上に下りなくても移動できるようにしたいと思っています。

ただ、私の考えは、それだけではありません。

近著『政治の理想について』（幸福の科学出版刊）のなかで、リニアモーターカーを日本中に走らせる構想について述べましたが、都市部では、リニアモーターカーは空中を走らせることを考えています。

例えば、ビルの三十階ぐらいの所はモノレールが走りますが、リニアモーターカーは五十階建てぐらいのビルの屋上から屋上へと走っていくようにするのです。いわば〝空飛ぶリニア〟構想です。

都市部では、もう、空中を走らせるしか方法はありません。地上に新しい路線を敷《し》くことはできないのです。また、地下にトンネルを掘《ほ》る方法もありますが、建設費用はかかるし、すでに数多くの地下鉄が走っているので大変です。

もちろん、地方へ行けば土地の値段は安いので、地上を走ってもよいと思いますが、都市部では空中を走らせたほうがよいでしょう。

したがって、今後の東京を考えるときに、都市計画をやり直さないといけないと思います。

「今後、十年、二十年で、要所要所に、どのようなビルを建てて、モノレールを、どのようにつないでいくか。さらに、都市部では、リニアモーターカーの発着場をどこにつくり、どのように日本各地と結んでいくか」という大規模な構想を立てて、開発していかなければならないと思います。

単年度の予算を消化するために小手先のことを考えたり、「とにかくコンクリートはいけない」などと言ったりしているようなレベルでは、まったく話になりません。そういう話は無視して、私たちは、未来を開くために、大きな構想を持たなくてはいけません。

ここで述べたことは、一見、実現不可能に見えるかもしれませんが、実現不可能に見えることでも、そういう構想を出していれば、しばらくすると現実化してくるのです。構想があると、それを実現しようとする人がアイデアを出してきて、現実が近づいてくるのです。

そして、この構想を実現するためには、「理系の天才」が必要になります。

日本に交通革命を起こすために、そして、日本の防衛体制の未来設計をするためにも、理系の天才が必要になってきています。

理系の天才の一人である、古代ギリシャのアルキメデスは、地中海のシラクサという所で、実は、防衛のための新兵器を数多くつくっていた人なのです。敵軍が攻《せ》めてきたときに、見たこともないような攻《こう》撃《げき》武器が次々と出てくるので、敵軍は驚《おどろ》いたそうですが、彼は、新兵器を数多くつくり出すような理系の天才だったのです。そうした人が一人いただけで、敵はそうとう苦労したようです。

そのような理系の天才が、今、必要とされてきつつあると思います。

5　未来ビジョン実現のための公務員改革

安易な公務員削減《さくげん》はせず、重点部門への人材の集中投下を

幸福実現党では、「公務員のリストラについては、大胆《だいたん》に人員を削《けず》るということは、すぐにはしません。まず、行政速度を二倍に上げ、仕事の質も二倍に上げるようにします」と言っています。

しかし、人員の配置換《が》えをしなければいけないところは、そうとうあると見ています。

配置換えなどによって人を集めたい部門の一つは、国家の将来ビジョンに関する未来産業部門です。

① 未来産業部門

例えば、幸福実現党の政策のなかには、スペースシャトルやリニアモーターカーなどが、いろいろと出てきますが、これらは、国の未来をつくるための未来産業部門に当たります。こういうところに、いろいろな役所から一割か二割ぐらいずつ人を集めてきます。

このように、国家の未来をつくる部門に人を持ってくることが、一つの方法としてあると思います。「ただ公務員のリストラをするのではなく、未来産業部門をつくらせる」ということです。これは、おそらく必要だと思います。

②国防部門

もう一つ、国防部門に人を異動する方法があります。

今は、国防といっても、昔のように、「剣術が強ければよい」という時代ではありません。ほとんどの仕事が事務化、機械化されているので、普通《ふつう》の役所の仕事と変わらない部分が、自衛隊や防衛省にもそうとうあるのです。

したがって、国難の時期、国防が大事な時期であれば、人員の一部を国防部門にシフトすることも大事です。これも公務員の仕事になります。

民間の人は税金を払《はら》ってくれるので、民間から人を集めるよりは、公務員の異動によって国防部門を充実《じゅうじつ》させる方法のほうがよいと思います。

韓国《かんこく》には少なくとも五十万人ぐらいは軍人がいるし、北朝鮮《きたちょうせん》には百万人、中国にも少なくとも二百万人はいます。ところが、日本の自衛隊には、陸・海・空を合わせて二十数万人しか隊員がいません。

しかし、自衛隊には、事務部門、機械を扱《あつか》う部門、医療《いりょう》部門、通信部門など、普通の役所のような部門がそうとうあります。この部分も、充実させることは可能だろうと思います。

今後、二十四時間、敵のミサイルを見張るとなると、おそらく大変だろうと私は見ていますが、そういう仕事もあります。

③ 食料増産部門

今、対策が遅《おく》れているものとして、食料の増産問題もあります。未来の食料危機を乗り越《こ》えなくてはなりません。国内の食料防衛のためには、また、海外の食料危機を救うためには、食料における未来産業部門が必要です。この辺にも人をシフトしたいところです。

しがらみのない宗教政党でなければ大鉈《おおなた》は振《ふ》るえない

公務員としての新しい仕事は、まだ、いろいろと見つかるでしょう。リニア計画や宇宙計画等にも、それ相応の人は要《い》ると思いますし、やらなければいけないことはたくさんあると思います。

そのため、公務員については、簡単に辞《や》めさせたりはしませんが、異動を行って、必要なところにきちんと集中投下するようにします。

また、「天下り」そのものについては、私は決して反対はしていません。民間企業《きぎょう》で有為《ゆうい》の人材として活躍《かつやく》できるのであれば、行ってもらってもかまわないとは思っています。必要な人材であれば、民間企業のほうに行ってもらってもけっこうです。

幸福の科学でも、元公務員を職員として受け入れています。当会には、公務員だった人もかなりおり、活躍しているので、公務員が民間のほうに移ることを決して否定はしていないのです。人材の流動化はかまわないと思っています。

いずれにしても、「この国のあり方」というものを根本的に考えるならば、しがらみのない、当会のような宗教団体がバックボーンとなった政党が、「何が正しいのか。どうすることが、この国の未来にとってよいのか」ということを、新たに、真剣《しんけん》に考えることが必要です。そして、大鉈《おおなた》を振《ふ》るっていくことが非常に大事だと思います。

6 根本的な国家改造が必要な時

幸福実現党は、リニア新幹線の敷設《ふせつ》など、いろいろな政策によって、高度成長期を、もう一回、起こそうとしています。

五パーセントぐらいでしたら、インフレまで行かないぐらいなので、そのくらいの高度成長期を、もう一回、起こすつもりでいるのです。

そうした壮大《そうだい》な未来ビジョンと、将来における人口増加を目指す安定した政策と、「増税路線を採らない」という明確な方針、さらには、

「国民の財産を守る」という意味での防衛体制の確立、国家としての自立、こういう気概《きがい》があってこそ、立派な国ができるのです。

そういうことを訴《うった》えかけているのが幸福実現党の政策なのです。

幸福実現党は、今の時点で、二十年先や三十年先まで考えて政策を立て、発表しているので、「現在ただいまの選挙に勝つかどうか」「自分のクビがつながるかどうか」「政権が取れるかどうか」という、目先のことばかりを考えている人たちにとっては、私たちの言っていることが空想のように聞こえるでしょう。

ただ、本当の責任政党であるならば、本当の国民政党であるならば、ワンゼネレーションぐらい先までを見据《みす》えて政策をつくらなければいけないのです。

この国をどうもっていくのか。どういう未来ビジョンをつくるのか。どういう方向に国民を導いていこうとしているのか。それをはっきりさせなければ、選挙をやっても無駄《むだ》です。首相のクビをすげ替《か》えても、与党《よとう》と野党を入れ替えても無駄なのです。

根本的な国家改造を成し遂《と》げなければいけません。人口ピラミッドを変え、将来の職業構成を変えるための、未来の発展計画をつくらなければ、いくら、民主党の鳩山《はとやま》代表のように、「コンクリートよりも人の命が大事だ」と言って、休日にも病院を開かせるようなことをしても、そのようなもので根本的な解決にはならないのです。

《column》

誤《あやま》てる「友愛」は国を滅《ほろ》ぼす

信仰《しんこう》なき者は愛を語るなかれ

私の著書『愛、自信、そして勇気』（宗教法人幸福の科学刊）には、「信仰《しんこう》なき者は愛を語るなかれ」というサブタイトルを付けてあります。

その理由の一つは、今回、政権交代を狙《ねら》っている民主党が、「友愛政治」や「友愛外交」というものを掲《かか》げていることにあります。非常に宗教テーマに似たものを掲げているので、「これに対して、宗教として一言あるべし」と思ったわけです。

この「信仰なき者は愛を語るなかれ」という副題は、ある意味において、鳩山《はとやま》氏のために書いたものなので、その辺を理解していただければ幸いです。

同書の「まえがき」に書いてあるように、キリスト教では、「愛なき者は神を知らず」ということをよく言うのですが、私は、「神なき者は愛を知らず」「信仰なき者は愛を知らず」、さらに、「信仰なき者は愛を語るなかれ」というところまで、あえて踏《ふ》み込《こ》んで述べました。

「友愛」は、政治テーマにも宗教テーマにもなるものであるので、それを掲げる以上、宗教的な理解が必要であると思います。彼の「友愛」なる考え方が正しいのか否《いな》かということは、いちおう検討《けんとう》されてしかるべきであろうと思います。

愛とは、単なる同情でも、悪を増長《ぞうちょう》させることでもない

私が言いたいことは、「愛というものは、単なる同情とは違《ちが》うのだ」、また、「愛というものは、悪を増長《ぞうちょう》させることではないのだ」ということです。

愛という言葉は、仏教では「慈悲《じひ》」と言い換《か》えてもよいでしょう。幸福の科学で説いている「与《あた》える愛」の思想は、仏教では「慈

悲」に当たるものだと思います。

ただ、仏陀《ぶっだ》が説いているとおり、仏教の根本精神は、「悪いことをできるだけ抑《おさ》えて、善《よ》いことを推《お》し進める」ということです。「止悪《しあく》の心、悪を押《お》しとどめる心を持ち、そして、善なる心、善なるものを推し進める」というのが基本精神なのです。

そうした精神なくしての「愛」や「慈悲」というものはないのです。

善悪を分ける力は「智慧《ちえ》」と言われます。「智慧が介在《かいざい》しなければ、愛というものは、場合によっては、人を破滅《はめつ》させたり、あるいは、世の中を間違《まちが》って導いたりすることもある」ということを知らなければいけないのです。

“ばらまき政策”の根底にあるもの

特に、この世の俗人《ぞくじん》たちには、人から奪《うば》うことをもって「愛」と考える傾向《けいこう》が非常に強いので、これに対しては、「そういう考えは、確かに人間の本性《ほんしょう》ではあるけれども、それを、もう一段、昇華《しょうか》させて、純粋《じゅんすい》なものにしなければいけないのだ」ということを言っておきたいのです。

「本当に、人々のため、世の中のために尽《つ》くす愛、そういう透明《とうめい》な愛、無償《むしょう》の愛に変えていくことが大事なのだ」ということです。それを忘れてはいけません。

もし、人から取ること、奪うことをもって、愛の本質だと考え、さらに、「友愛は、そういう人たちに〝与える〟ことなのだ。ただただ、ばらまけばよいのだ」と考えるならば、そうした愛の理解は、間違いを含《ふく》んでいると言わざるをえません。

もし、鳩山氏が、自分たち、あるいは自分たちの政党が、周りから奪っていくことをもって、〝愛〟と考え、また、人々の「政府から奪いたい」という心を増長させることをもって、〝友愛〟と考えているのであれば、「それは大変なことになりますよ」と申し上げたいのです。

やはり、指導者たる者には、智慧をもって与えねばならない場合があるのです。その智慧は、例えば、予算の配分などにおいても表れなければならないと、私は信じるものです。

正義に反するものを許容《きょよう》するなかれ

個性の違いは、いろいろあってもよいものです。したがって、個性の違いを認めたり、あるいは、国家の違いを認めたりすることは、かまわないと思います。

ただ、そのなかにも、個性の違いで話が済むレベルのものと、そうではないものがあることを知らなくてはなりません。

すなわち、「国の文化や伝統の違い、民族的な精神や宗教の違い」として、多様な価値観を許容《きょよう》してよいレベルのものと、「明らかに正義に反し、間違っている」と考えなければならないものとがあるのです。

鳩山氏の場合、ここの善悪の判断の部分が決定的に弱いので、この国の未来を考えたとき、私は非常に心配しています。

第二部　国益とは何か

二〇〇九年七月二十二日
東京都調布市・調布市グリーンホールにて

1　国難が日本に迫《せま》っている

男らしく信念を貫《つらぬ》いた麻生《あそう》首相

昨日《さくじつ》（七月二十一日）、麻生《あそう》太郎首相の下《もと》で衆議院の解散が行われました。

率直に私の感想を述べると、「麻生氏は、最後の意地を通したのかな」と感じたので、〝武士の最期《さいご》〟として、非常に潔《いさぎよ》かった点は認めたいと思います。信念を貫《つらぬ》いたところは立派であったと思います。

麻生政権の大部分の期間を支援《しえん》していた者として、一言、「男らしかった」と申し上げておきます。

今年の四月までは、幸福の科学が現政権を支えていました。二月には、麻生内閣の支持率が一桁《ひとけた》台に落ち込《こ》みかかっていたところを支えに支えて、四月には三十パーセントぐらいまで上げたのです。

しかし、そのあたりがピークで、その後《ご》、未来の展望が開けないという状況《じょうきょう》です。彼が予想していない国難が新たに生じたために、それに対する新たな対策を採らないかぎり道が開けない状態になりました。

四十六年ぶりの皆既日食《かいきにっしょく》が象徴《しょうちょう》するもの

さらに、今、世論《せろん》においては、小選挙区制による二大政党制ということで、「政権交代」が盛んに言われており、野党の代表である民主党が、その政権交代のルールに則《のっと》って、「自らの政権をつくることが正当である」と主張しています。

そして、解散の翌日である本日から事実上の選挙戦がスタートしたわけですが、なぜか、その当日に、日本で四十六年ぶりの皆既日食《かいきにっしょく》がありました。「日の姿を丸ごと隠《かく》す」という、めったに起きない現象が起きたのです。

ご存じのとおり、日本の象徴《しょうちょう》は「日の丸」、太陽なので、「太陽が隠れる」という現象が、四十六年ぶりに、今回の衆議院解散に際して早速に現れたということは、ある意味での象徴が現れているのだと私は感じます。

その象徴とは何であるかというと、それは、やはり、「吉兆《きっちょう》ではない」と言わざるをえません。「この国において、日が覆《おお》い隠されるような時期が近づいている」ということを示していると考えます。

この太陽の国・日本において、太陽が隠れようとしている今、幸福実現党は、新たな戦いを始めようとしています。

しかしながら、この国も、かなり大きな国となっているため、〝慣性の法則〟があって、そう簡単には方向が変わるような状況ではありません。巨大《きょだい》なタンカーが舵《かじ》を切るときのように、そうとう大きな力を必要としています。

私たちは、かなり急いで、新しい体制をつくるべく努力していますが、「非常に巨大な力が必要になっている」という事実は否《いな》めないと感じています。

2　二大政党制には問題がある

二大政党制は国民の「政治選択《せんたく》の自由」を奪《うば》うもの

考えてみれば、日本国憲法には、「日本国における民主主義は、二大政党制において行う」とは書かれていませんし、小選挙区制も、憲法に書かれているものではありません。

日本国憲法には、思想の自由や、言論の自由等の表現の自由、それから、選挙の自由、結社の自由など、国民のさまざまなる自由が保障されています。

そうした精神から考えると、「二つの政党のどちらかを必ず選ばなければいけない」という制度では、「片方が悪くて、片方がよい」という場合には迷いがありませんが、場合によっては、「両方とも問題がある」ということも、十分にありうることです。

したがって、今の小選挙区制による二大政党制というやり方は、ある意味において、国民の「政治選択《せんたく》の自由」を大いに奪《うば》っているものであると思います。

特に、新しい政党が世に出るには、非常に困難な制度になっています。「二つの大きな政党があり、各小選挙区では、そのうちのどちらかが一議席しか取れない」ということであるならば、「既成《きせい》の二大政党が圧倒的《あっとうてき》に強い」という状況《じょうきょう》になり、新しい政党を起こすに当たっての参入障壁《しょうへき》は、そうとう高いものになっています。「どちらかを選ぶ」というかたちで、必ず〝踏《ふ》み絵〟を迫《せま》られるスタイルになっていて、国民の多様なる価値観は必ずしも表現されえない状況にあると思います。

政権交代だけが目的の政治などありえない

実際に、この春以降、自民党の問題は数多く出ていますが、同時に民主党についても問題点が出ています。もし、政党選択の自由が本当にあるのであれば、小沢前代表の西松建設違法献金《いほうけんきん》問題や、鳩山《はとやま》代表のいわゆる〝故人献金問題〟等があれだけ出てきたら、当然、民主党が政権を取ることなどできるはずがないのです。

「次の総理大臣になるかもしれない」という人が、もし、政治資金規正法違反《いはん》として有罪になるようなことがあったならば、たちまち総理大臣の職が空席になってしまいます。

ところが、二大政党制ということであれば、「どちらが、より悪いか」というだけの選択しか働きません。

「麻生《あそう》さんの顔に飽《あ》きたので、民主党に入れるしかない」という、それだけの選択になってしまっています。

「国民の自由は大いに奪われ、蹂躙《じゅうりん》されている」と私は思います。誰《だれ》が、こんな制度をつくってくれと頼《たの》んだでしょうか。それを問いたいと思います。

今、「政権交代選挙」という言い方をしていますが、政権交代だけが目的の政治などというものはないのです。政治の目的は、多くの国民を幸福にすることであって、政党の利害得失ではないのです。

その根本の精神を忘れて、破壊《はかい》することのみに喜びを感じるような人間が国政を壟断《ろうだん》することは、断じて許しがたいと、私は感じるものです。

今回の選挙は「国難選挙」である

今、必要とされているのは政権選択選挙などではありません。今回の選挙は「国難選挙」なのです。

二大政党制ということであれば、「『国難に対して、どう立ち向かうか』ということについて、それぞれの意見をはっきりと述べよ」と私は言いたいのです。

そして、「国民にとって、どちらの回答が、より正しくて、自分たちの未来を託《たく》せるものであるか」ということを選べるのであるならば、どちらかを選択しても異存はありません。

しかし、二大政党が、その重大な争点から逃《に》げていたら、いったい誰が責任を取るのでしょうか。誰がそれを背負うのでしょうか。誰がその問題を解決するのでしょうか。

例えば、北朝鮮《きたちょうせん》の拉致《らち》問題について言えば、拉致被害者《ひがいしゃ》家族連絡会《れんらくかい》の方々は、次の衆議院選に立候補を予定している人たちにアンケートを実施《じっし》して、いったい、誰ならば、拉致の問題を解決し、「まだ生きている」と信じている自分たちの家族を取り戻《もど》してくれるのかを知ろうとしています。

まことにまことに、申し訳なく、悲しいことであると、私は思いました。

そうした拉致問題についての対策は、単に総理大臣が替《か》わっただけで、立ち消えになってしまいます。政権交代がなされると、すっかり忘れられてしまうのです。

目先の選挙に勝つためには、争点を一つだけにしてしまえば楽なのです。争点を一つに絞《しぼ》り、勝てそうな争点だけで戦えば、選挙に勝つことができるわけです。

その意味で、国民は、ばかにされているのです。愚民化《ぐみんか》されているのです。「ばかだ」と思われているのです。そして、「政治は、プロであるわれわれに任せればよいのだ」と考えて、そういうことを延々とやり続けているのが現状であると言わざるをえません。

これに対して、ある新聞は、「この国のありようを示せ」ということを社説に書いていましたが、それは、まさしく幸福実現党が言いたいことでもあります。

政権選択ということであるならば、「この国の未来をどうしたいのか。どのように設計したいのか。どのようにデザインしたいのか」ということろまで踏み込《こ》み、考えを煮詰《につ》めて発表するべきです。

目先の得票を有利にするためだけに、〝ニンジン〟をぶら下げるような政策ばかりを掲《かか》げて戦う選挙は、もうごめんです。やめていただきたいのです。それが民主主義でしょうか。単に、自分たちの地位の安泰《あんたい》と勢力の拡張を目指すのみではないでしょうか。

そのような職業政治家は要《い》らないと、私は言いたいのです。

組織票のあり方は各人の「考える力」を奪《うば》っている

この国においては、議員の世襲《せしゅう》問題も言われているように、「後援《こうえん》会《かい》組織ができ、後援会名簿《めいぼ》もできていて、その人たちが、代々、投票してくれる」というような、地盤《じばん》を固めた者が非常に有利になる仕組みが、すでに出来上がっています。

そのため、本当の意味において、その都度、争点に応じて政治家を選べるわけではありません。名簿によって、すでに拘束《こうそく》されている人が数多くいるのです。

しかし、これはおかしいと思います。この国の憲法においては、投票は秘密投票とされていて（第十五条）、誰に投票したかは分からないことになっているのです。それなのに、「誰が誰に投票するかが、あらかじめ決まっている」ということは、おかしいのではないでしょうか。どうして、こんな仕組みが出来上がっているのでしょうか。

組織票とは何なのでしょうか。「誰に投票するかが、あらかじめ決まっている」ということは、「各人の考える力を奪《うば》っている」ということではないでしょうか。

これは、やはり、大きな問題を含《ふく》んでいると、私は思います。

したがって、今、われわれは、「小選挙区制による二大政党制は大いに問題あり。本当の意味で、国民の疑問に必ずしも答えていない」と考えて、大きな政党を立てようとしているわけです。

3　幸福実現党総裁としての決意

立候補予定者数では自民党も民主党も超《こ》えている

幸福実現党は、立候補予定者数では日本一の政治団体となっています。

一部のテレビや新聞等で、幸福実現党が「諸派」として扱《あつか》われることについて、われわれのほうからクレームを申し上げ、「幸福実現党」、あるいは「幸福党」というかたちで政党名がメディアに出始めるようにはなりましたが、立候補予定者数の報道を見ると、非常に不思議な構図になっています。

政党別の候補者数の一覧表では、上から順に、自民党の候補者数があり、民主党の候補者数があり、そのあとに小さな政党が幾《いく》つか並んで、最後に、いちばん数字の大きい政党が出てくるのです。

このいちばん巨大《きょだい》な数字の政党について、一言も説明がないため、国民の多くは、ぽかんと口を開け、「これは何だろう」と、たぶん思っていることでしょう。

自民党や民主党よりも大きいものが、なぜか、いちばん下に存在しているのです。これは非常に不思議でしょう。

そのため、おそらく、この点についての説明責任が、やがてマスコミに対して求められるようになるだろうと思います。

幸福実現党は、大きな政党をつくるべく、三百四十数名という大勢の立候補を予定しています。比例区の一部や小選挙区の一部は、まだ少し変更《へんこう》があるかもしれないので、立候補者数はもう少し伸《の》びる可能性もあります。

立候補予定者数では、すでに自民党も民主党も超《こ》えており、公明党の十倍もの人数が立候補を予定しています。

したがって、ある意味で、大きな責任もまた生じているということが言えるでしょう。

党総裁就任は「本気で勝負に出る」という決意表明

幸福実現党では、五月に立党してから、すぐに党首が交代しているため、短期間に党の顔が替《か》わることについて、「やや早すぎる。急ぎすぎる」ということで、定着度の低いことが問題視されることもありました。

しかし、「立候補を予定している人数の多さ、この国への責任の重さ」というものを考えた上で、やはり、私は、「幸福実現党の立党責任者として、創立者として、また、主要政策の立案者として、自らも責任を取るべきである」と考えるに至りました。

そこで、本日、私、大川隆法は、幸福実現党の総裁に就任いたします。

私は、さらにもう一段、幸福実現党の力を強め、求心力を高め、さらに言うならば、もう一段、「政権担当能力」を増すために、幸福実現党の総裁として、このたびの衆議院選挙に立候補します。

東京比例区の第一位で出る予定です。選挙区としては、もう少し人口の多い所もあるのですが、やはり、「首都・東京で、私の主張を中心的に説くべきである」と思うので、東京比例区の一位で出ることにしました。これは、「幸福の科学が本気で勝負に出る」という決意表明です。

すでに、宗教法人幸福の科学については、「理事長以下の理事会に実務は任せた」と言ってあります。私は、いかなる事態が起きようとも、その難関を突破《とっぱ》すべく、鋭意《えいい》、努力するつもりです。

さらに、幸福実現党については、宗教活動を中心としてきた人たちが数多く立候補を予定しているので、おそらく、世間の方々やマスコミの方々のいちばんの心配は、「はたして政権担当能力が本当にあるのか」というところでしょう。その点に不安を感じておられるのではないかと思います。

そこで、私自身が政党の中心になることによって、政権担当能力を急速に高め、実際の実践力を高めていくつもりです。

国会議員は、いろいろいますし、総理大臣やその他の大臣もいろいろいます。彼らがどの程度の力を持っているかは知りません。

しかし、私自身は、宗教家でありながら、自分で法律案を書けるだけの能力があります。政策を立てる能力もあります。国際情勢を分析《ぶんせき》する能力もあります。

また、実社会においては、幸福の科学の教団運営や、その前職も含《ふく》めて、実際には、財務や金融《きんゆう》の方面が私自身の仕事の専門でもありました。

そういう意味で、今、この国において必要とされる能力を持っているものと、ひそかに自負しているものです。

工学が専門の鳩山《はとやま》氏では官僚《かんりょう》を使えない

次の首相候補とも言われる、民主党の鳩山《はとやま》代表は、「官僚制《かんりょうせい》が、この国を悪くした。政治が悪い責任は官僚にある」などと言っていますが、私は、そうは思っていません。

官僚を使えなかった政治家の責任です。何もかも官僚頼《だの》みで、資料も上げさせ、本も代筆させ、そして国会での演説や答弁の原稿《げんこう》まで書かせています。その能力の低さが、官僚を使えない原因です。

したがって、官僚のせいにして逃《に》げることは、政治家として卑怯《ひきょう》です。

鳩山氏も、もともと優秀《ゆうしゅう》な方ではあるのでしょうが、専門が工学であり、機械を相手にしているほうが向いている方なので、官僚を使えないのは当たり前だろうと思います。

政治家になったのが間違《まちが》っているのです。弟が政治家として出たので、それに嫉妬《しっと》して兄の自分も出たのでしょうから、その立志の原点において、やや不純なるものがあると見ています。

まもなく、『金正日守護霊《キムジョンイルしゅごれい》の霊言《れいげん》』（幸福の科学出版刊）という私の本が出ます（七月下旬発刊）。その本では、金正日の本心が明らかにされるとともに、付録として、鳩山由紀夫《ゆきお》氏の本心も明らかにされているので、ぜひ読んでいただき、どの程度の人物であるかを鑑定《かんてい》していただきたいと思います。

残念ながら、鳩山氏は、この国を任せるには力量が足りないと思われます。

衆議院選挙には七百億円ぐらいかかるようですが、何百億円もの国費を投じて選挙をしたところで、すぐにまた選挙をしなければいけない状況《じょうきょう》になる可能性があるので、間違った選択《せんたく》をしないように、国民に対して事前に警告を発しておきたいと思います。

特に、宮澤喜一《みやざわきいち》内閣が退陣《たいじん》して以来、東大法学部卒の首相が出ていませんが、これも、官僚統制ができなくなっている原因の一つではないかと私は思っています。

そろそろ、〝大政奉還《たいせいほうかん》〟をしていただきたいものだと考える次第です。私は宗教家ではありますが、東大法学部の政治学科を卒業しており、もともと政治が専門です。出発点としてはそうなのです。

世の中には、ピアノを上手に弾《ひ》けるのと同時に、バイオリンも上手に弾ける人がいるように、複数の異なる才能に恵《めぐ》まれている人も現実にはいます。

私のなかには、「宗教家としての魂《たましい》」と「政治家としての魂」という、二つの大きな魂が宿っています。今、私のなかに眠《ねむ》っているもう一つの魂が目覚めようとしているのだと思います。

したがって、政治に関して素人《しろうと》であるとは決して言わせません。過去の転生《てんしょう》の過程においても、政治家として数多くの政治を現実に行ってきたので、政治というものの本質はよく知っているつもりです。

4　この国の未来をデザインする

「地球市民」という言葉を使う人は「国家」を否定している

「国益とは何か」というテーマについて、まず、一言で述べるならば、「国会議員というものは、国の代表として選ばれる方々なのだから、第一に考えるべきは国益である」ということです。

ところが、この国においては、国益を論ずることさえ自由にできないような風潮があります。国益を論じたら、街宣車に乗って活動している右翼《うよく》の人たちと同じに扱《あつか》われるような現状になっています。

しかし、世界を見れば、「国益を論じない政治家が、その国の中心的な指導者になる」などということは、ありえないのです。どの国においても、国会議員に当たる人は、「この国の国益とは何か」ということを真剣《しんけん》に考え、議論しています。

国益を論じることは、何ら、やましいことでも恥《は》ずかしいことでもありません。しかし、それを間違《まちが》ったことであるかのように扱われることを恐《おそ》れて、国益について一言も口にできないというのは、まことにまことに情けないことです。

さらに、それをごまかすための方法として、「自分は地球市民である」ということを言う政治家もいます。「地球市民」という言い方をすると、聞こえはよいかもしれません。あるいは、「国民」という言葉を使うのを嫌《いや》がって、単に、「市民」という言葉を使う場合もあります。

しかし、このように、「市民」だとか、「地球市民」だとか、そういう耳触《みみざわ》りのよい言葉を使う人たちの本質は、いったい、どこにあるかを、よく知ってください。

「市民」という言葉を常に使う人は、本心においては「国家」を否定しています。国家というものを否定し、国益というものを否定しているのです。そういうものを悪いものだと思っているのです。

そして、それから逃《のが》れるために、「市民」という言葉を使い、あるいは「地球市民」というような言葉を使って、責任回避《かいひ》をしているわけです。

しかし、国会議員であるならば、国益を考えることは当然の義務です。国民に代わって考えねばならないことなのです。

国会議員ならば、国に必要な政策を堂々と訴《うった》えよ

今回の選挙において、自民党も民主党も卑怯《ひきょう》だと思うのは、あれだけ、北朝鮮《きたちょうせん》にミサイルを撃《う》たれ、核《かく》実験をされ、さらに、七月四日のアメリカ独立記念日にも、七発のミサイルを日本海に撃たれているにもかかわらず、それを選挙の争点に挙げていないことです。

まことにもって卑怯千万《せんばん》です。それは、「そういう問題を争点にしたら、選挙において不利に働く」と考えるような保身があるからです。

しかし、国会議員であるならば、国益を考え、国民全体の利益と幸福を考えるのは、当然ではありませんか。なぜ、そのような、選挙に

おける自分の議席の維持《いじ》だけを考えるのでしょうか。

職業など、ほかに、いくらでもあります。国会議員としての地位に恋々《れんれん》としてはなりません。国会議員として選ばれたならば、まず、自分のことは横に置いて、「国のために何ができるか。国民が個人ではできないことを代わりにできないか」ということを考えるべきです。

ときには、国民にとって耳が痛いようなことにも取り組まねばなりません。今、自民党も民主党も、基本的に、ばらまき型の政策を掲《かか》げており、その先には「大きな政府」を目指すしか道がありません。

私は、それが正しい方向であるとは思っていません。政府の機能は、やはり、できるだけ最小限に抑《おさ》えて、個人や企業《きぎょう》の力を阻害《そがい》しているものを取り除き、それらの力を最大限に発揮させることによって、繁《はん》栄《えい》・発展する道を開いていくことこそ、本道であると思うのです。自分たちの権限を大きくすることだけを考えれば、どうしても「大きな政府」になります。予算を大きくし、そして、権限を大きくすれば、権力が発生します。

そうしたものを自ら弱めて、「国民各自の発展・繁栄を目指す」という方向を示すのは、とてもつらいことであろうと思います。

しかし、この国の二十年後、三十年後、さらにその先を考えた政策を訴《うった》える人たちの心というものを、よく見なければなりません。

幸福実現党においては、本当に、三十年後、あるいは、それ以上先の未来まで考えて、具体的な政策を立て、国民に訴えかけています。まだ国民全体にまでは浸透《しんとう》していませんが、「必要なことは、必要なことである」として、堂々と述べていく所存です。

日本の精神的自立を助けるのが私の仕事

今、私のほうから国民に申し上げたいことは、「あまりにも政府に頼《たよ》りすぎる風潮が出ている」ということです。政府からもらうことばかりを、あまりにも考えすぎています。

これについては、はっきりと、厳しく言わねばならないと思います。そんな乞食《こじき》根性でどうするのか。日本人なら、勇ましく、自らの力で、この国をもっと発展・繁栄させようと、どうして思わないのか。

さらに言えば、日本がアメリカに敗れ、占領《せんりょう》されたのは、六十数年も前です。いつまで、その〝植民地思想〟を引きずっているのか。いつまで、子供のような精神状態でいることを選び続けるのか。精神的に自立しなくてはならない。

日本の国の精神的自立を助けるのが私の仕事であろうと思います。そのため、政府に対しても、政治家に対しても、マスコミに対しても、国民に対しても、私は厳しいことを申し上げます。これだけ大きな国になっていて、「自立していない」というのは恥ずかしいことです。

幸福実現党でも訴えているように、まず、自分の国ぐらい自分で守りなさい。そして、拉致被害者《らちひがいしゃ》の家族が、「誰《だれ》ならば助け出してくれるのか」ということについて、アンケートを取らなくてもいいような国にしなければいけません。

金正日《キムジョンイル》を東京地裁に引っ張ってきて、裁判にかけるべきです。あの国の国体を、そのまま許しはしません。金正日を東京地裁で裁判にかけます。絶対に許しません。

私は北朝鮮の国体を変えるつもりでいます。ああいう、近隣《きんりん》諸国を脅《おど》して喜んでいるような、そんな、子供の遊びのような国家運営は、断じて許せません。

私は、厳しいことを言います。「〝テポドン遊び〟は、もういい加減にしなさい」と、はっきり言うつもりです。そして、日本が本気になって自立しようとしたら、あのような〝子供の火遊び〟はなくなるのです。それを述べておきたいと思います。

経営音痴《おんち》よ、この国から去りたまえ

それから、この国の政府の経済運営、国家運営について言えば、とても下手で見ていられません。よりによって、いちばん才能のない人に運営させているように見えてしかたがありません。

まずは、景気を回復させ、次は、高度成長に向かわせる方策を採りたいと思います。

今から二百年以上前に『国富論』を書いたアダム・スミスは、税収の原則について、次のようなことを述べています。

一番目は、「税務署員の数を一人たりとも増やさない」ということです。「税務署員の数を増やして税収を増やそうとしても駄目《だめ》だ」ということを言っています。当たり前のことですが、鋭《するど》い指摘《してき》です。

二番目に、「国民の資本や、工場等の生産手段、元手に当たるものに税金をかけてはならない」ということを彼は言っています。これも、非常に鋭い洞察《どうさつ》だと思います。

言葉を換《か》えれば、「税金をかけてよいのは、元手を使って経済活動をした結果、生み出された果実についてである」ということです。要するに、「木に生《な》った果実についてのみ、税金をかけてよい」というわけです。

これが、アダム・スミスの『国富論』のなかに書かれている徴税《ちょうぜい》の原則です。

ところが、今、この国では、「果実」ではないものに、たくさん税金をかけています。それが経済活動を阻害しているのです。国を富ませるための根本《こんぽん》を知らないからです。

経済活動をしようとすると税金がかかるような税制になっています。これは、国を治めている人たちが勉強していないからです。税金をかけてよいのは「果実」だけなのです。

幸福実現党は「消費税を廃止《はいし》せよ」と主張しています。消費税は「消費行動そのものを阻害する税金」だからです。本来、税金は、企《き》業《ぎょう》が大きく黒字を出して、そのなかから納めるものです。これが果実への課税なのです。

しかし、その前の段階で、消費行動そのものに税をかけようとすれば、消費活動は冷え込《こ》み、景気が低迷するのは当たり前です。

一九八九年に竹下登《たけしたのぼる》内閣が消費税を導入してから、十年以上の長期不況《ふきょう》に陥《おちい》りました。それが何よりの証拠《しょうこ》です。その直前には、高度成長によって最高の税収がありました。ところが、消費税を導入してから、かえって税収が減ったのです。

それについて、政府は、「税収が減ったのは所得税などの直接税率を下げたからだ」などと説明していますが、それは嘘《うそ》です。景気を悪くして税収が上がるはずはないからです。

「経営音痴《おんち》よ、この国から去りたまえ」

そう私は申し上げたいと思います。

幸福実現党は、長期的な視野に立って、この国の構造を根本から変えていき、新しい国づくりを行います。この国の未来をデザインします。

どうか、私を信頼《しんらい》し、任せてください。私は、この国を正しい方向に導きたいと考えています。力を合わせて共に戦ってまいりましょう。

あとがき

「幸福」という言葉をつきつめて考え、その「実現」を目指していくと、やはり「政治参加」へという道筋が見えてくる。

暑い夏に、熱い選挙戦が展開されている。しかし、もう多くは語るまい。「夢のある国へ——幸福維新《こうふくいしん》」という言葉に、私の万感《ばんかん》の思いが込《こ》められている。

この国の人々を国難から救い、希望の未来へと導きたい。それがすべてである。

二〇〇九年　八月

国師《こくし》　大川隆法《おおかわりゅうほう》

説法日等一覧

『幸福実現党の目指すもの』
二〇〇九年六月三十日書き下ろし

第一部　夢のある国へ

序　章　幸福維新を起こそう
「千年王国の理想について」（京都府・ウエスティン都ホテルにて）
二〇〇九年七月二十日説法

第1章　大減税による「景気回復」を

1　消費税を導入して、税収は増えたのか
「正義は勝利するしかない」（福岡県・北九州八幡ロイヤルホテルにて）
二〇〇九年七月五日説法

2　景気回復から高度成長への道筋
「景気回復への道」（兵庫県・神戸国際会館にて）
二〇〇九年七月十九日説法

3　不況を促進させるCO$_2$排出削減は大幅な見直しを
「ミラクルの起こし方」（群馬県・高崎支部精舎にて）　二〇〇九年七月三日説法

第2章　国民を守る「毅然たる国家」へ

1　潜在意識で、中国の核の傘を選択している民主党
「正義は勝利するしかない」（福岡県・北九州八幡ロイヤルホテルにて）　二〇〇九年七月五日説法

2　アジアに本当の平和と繁栄をもたらすために
「国を守る勇気を」（沖縄県・沖縄コンベンションセンターにて）　二〇〇九年七月十八日説法

第3章　「夢の国・日本」を実現しよう

1　積極的な「人口増加策」を採るべき時
「景気回復への道」（兵庫県・神戸国際会館にて）　二〇〇九年七月十九日説法

2　「年金問題」の根本的な解決方法とは
「日本の夜明けに向けて」（神奈川県・横浜ロイヤルパークホテルにて）　二〇〇九年七月七日説法

3　オリンピックを招致し、日本経済の高度成長を実現する
「経済大国の使命」（東京都・東京正心館にて）
二〇〇九年七月九日説法

4　「交通革命」を起こし、未来型都市の建設を
「経済大国の使命」（東京都・東京正心館にて）
二〇〇九年七月九日説法

5　未来ビジョン実現のための公務員改革
「日本の夜明けに向けて」（神奈川県・横浜ロイヤルパークホテルにて）
二〇〇九年七月七日説法

6　根本的な国家改造が必要な時
「景気回復への道」（兵庫県・神戸国際会館にて）
二〇〇九年七月十九日説法

<column>　誤てる「友愛」は国を滅ぼす
「信仰なき者は愛を語るなかれ」（北海道・苫小牧市民会館ホールにて）
二〇〇九年七月二十五日説法

第二部　国益とは何か

（東京都・調布市グリーンホールにて）
二〇〇九年七月二十二日説法

『夢のある国へ――幸福維新』大川隆法著作参考文献

『幸福実現党宣言』（幸福の科学出版刊）
『政治の理想について』（同右）
『政治に勇気を』（同右）
『新・日本国憲法 試案』（同右）
『朝の来ない夜はない』（同右）
『日本の繁栄は、絶対に揺るがない』（同右）
『国家の気概』（同右）
『金正日守護霊の霊言』（同右）
『愛、自信、そして勇気』（宗教法人幸福の科学刊）
『幸福実現党とは何か』（幸福実現党刊）

夢《ゆめ》のある国《くに》へ——幸福維新《こうふくいしん》——幸福実現党宣言⑤——

2009年8月17日　初版第1刷

著　者　大《おお》川《かわ》隆《りゅう》法《ほう》

発行所　幸福の科学出版株式会社

〒142-0041 東京都品川区戸越1丁目6番7号
TEL(03)6384-3777
http://www.irhpress.co.jp/

印刷・製本　株式会社 堀内印刷所

落丁・乱丁本はおとりかえいたします

ISBN978-4-87688-375-2 C0031

大川隆法 ベストセラーズ・混迷を打ち破る「未来ビジョン」

幸福実現党宣言

この国の未来をデザインする

◆なぜ今「幸福実現党宣言」なのか
◆政治と宗教、その真なる関係
◆「日本国憲法」を改正すべき理由
◆消費税、医療制度、政治資金問題……
今、起きている政治の問題に答える

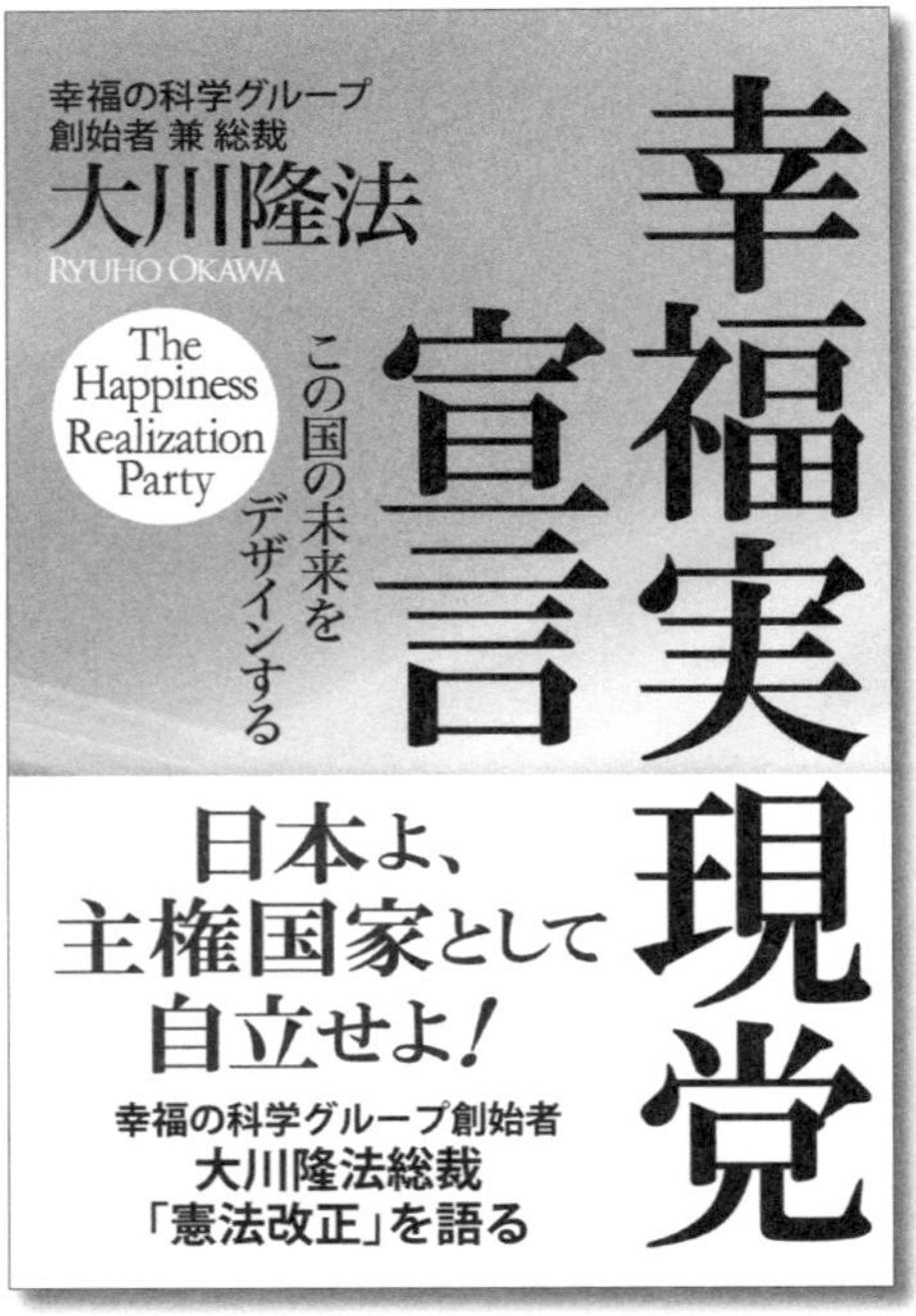

大反響
発売中

1,600円

第1章　幸福実現党宣言
第2章　この国の未来をデザインする
第3章　「幸福実現党」についての質疑応答

※表示価格は本体価格(税別)です。

大川隆法 最新刊・政治家の気概を問う

政治に勇気を

幸福実現党宣言③

◆天上界の孔明が日本に授ける救国の秘策
◆霊査によって明かされる「金正日の野望」
◆「幸福実現党」立党の直接の原因とは
◆幸福維新はすでに始まっている
◆勇気のない政治家は去れ!

最新刊!

1,600円

第1章 職業としての政治について
第2章 諸葛亮孔明の提言
第3章 迫り来る国難に備えよ
第4章 勇気の試される時
第5章 未来への道

※表示価格は本体価格(税別)です。

大川隆法 最新刊・国難の正体を明かす

金正日《キムジョンイル》守護霊の霊言

日本侵略計画（金正日守護霊）vs.
日本亡国選択（鳩山由紀夫守護霊）

守護霊が語る驚愕の真実！

金正日守護霊
「核を一発撃ち込んだら、日本は乗っ取れる」

鳩山由紀夫守護霊
「北朝鮮が本気で日本を狙ってくるとは思わないので、対策は要らないんじゃないですか」

1,000円

緊急発刊！

第1章　金正日守護霊の霊言
第2章　鳩山由紀夫守護霊の霊言

※表示価格は本体価格（税別）です。

大川隆法 最新刊・日本のあるべき姿

明治天皇・昭和天皇の霊言

日本国民への憂国のメッセージ

**両天皇が示す
この国のあり方**

両天皇は、今の日本をどのように見ているのか？
日本において〝タブー〟とされている皇室論に、率直な意見が語られる。
天皇元首論を主張する〝右翼〟に対して、冷静な批判が示される。

1,000円

緊急神示！

第1章　明治天皇の霊言
第2章　昭和天皇の霊言

幸福の科学出版

幸福の科学

あなたに幸福を、地球にユートピアを――
宗教法人「幸福の科学」は、
この世とあの世を貫く幸福を目指しています。

幸福の科学は、仏法真理《ぶっぽうしんり》に基づいて、まず自分自身が幸福になり、その幸福を、家庭に、地域に、国家に、そして世界に広げていくために創られた宗教です。

「愛とは与えるものである」「苦難・困難は魂を磨く砥石《といし》である」といった真理を知るだけでも、悩みや苦しみを解決する糸口がつかめ、幸福への一歩を踏み出すことができるでしょう。

この仏法真理を説かれている方が、大川隆法総裁です。かつてインドに釈尊《しゃくそん》として、ギリシャにヘルメスとして生まれ、人類を導かれてきた存在、主エル・カンターレが、現代の日本に下生《げしょう》され、救世の法を説かれているのです。

主を信じる人は、どなたでも、幸福の科学に入会することができます。あなたも幸福の科学に集い、ほんとうの幸福を見つけてみませんか。

幸福の科学の活動

●全国および海外各地の精舎《しょうじゃ》、支部・拠点等において、大川隆法総裁の御法話拝聴会、反省・瞑想《めいそう》等の研修、祈願などを開催しています。

●精舎は、日常の喧騒《けんそう》を離れた「聖なる空間」です。心を深く見つめることで、疲れた心身をリフレッシュすることができます。

●支部・拠点は、あなたの町の「心の広場」です。さまざまな世代や職業の方が集まり、心の交流を行いながら、仏法真理を学んでいます。

幸福の科学入会のご案内

◆精舎、支部・拠点・布教所にて、入会式にのぞみます。入会された方には、経典《きょうてん》「入会版『正心法語《しょうしんほうご》』」が授与されます。

◆お申し込み方法等については、最寄りの精舎、支部・拠点・布教所、または左記までお問い合わせください。

幸福の科学サービスセンター
TEL 03-5793-1727
受付時間 火～金：一〇時～二〇時 土・日：一〇時～一八時

大川隆法総裁の法話が掲載された、幸福の科学の小冊子（毎月１回発行）

月刊「幸福の科学」
幸福の科学の
教えと活動がわかる
総合情報誌

「ヘルメス・エンゼルズ」
親子で読んで
いっしょに成長する
心の教育誌

「ザ・伝道」
幸福になる
心のスタイルを
提案

「ヤング・ブッダ」
学生・青年向け
ほんとうの自分
探究マガジン

幸福の科学の精舎、支部・拠点に用意しております。
詳細については下記の電話番号までお問い合わせください。

TEL 03-5793-1727

宗教法人 幸福の科学 ホームページ **http://www.kofuku-no-kagaku.or.jp/**